平凡社新書
1036

五代友厚

渋沢栄一と並び称される大阪の経済人

橘木俊詔
TACHIBANAKI TOSHIAKI

HEIBONSHA

五代友厚●目次

第4章 働き盛りを迎えた明治10年代

はしがき

東の渋沢栄一、西の五代友厚と称されるように、この二人は明治時代の経済人、経営者として傑出した人物であった。いわゆる日本の資本主義経済の船出に大きな貢献をした人である。

それぞれ東京商法会議所と大阪商法会議所という経済団体をつくった財界人で、一橋大学（創設時は商法講習所）と大阪市立大学（創設時は大阪商業講習所、現・大阪公立大学）の創設に関与した人としてともに名を残しており、その基盤を多く共有している。

大阪経済の創始者である五代であるが、出身は関西ではなく薩摩（鹿児島県）である。明治維新は薩摩をはじめ長州（山口県）、土佐（高知県）、肥前（佐賀県）出身の武士の活躍で達成されたのであり、五代がなぜ偉大な人物として名を残せたかは、出身である薩摩藩での若い頃の人生が決定的に重要である。そこで薩摩にいた頃に何を行い、誰と接していたかには格別の注意を払いたい。

鹿児島中央駅の正面に「若き薩摩の群像」として19人のイギリスへの留学生と使節団の銅像がそびえ立っている。五代もそのなかの一人として存在している。芳即正《かんばしのりまさ》の書物に『薩摩の七傑』（芳 2000）があるが、五代はそのなかの一人でもある。ちなみに七傑とは西郷隆盛、島津斉彬《なりあきら》、大久保利通、黒田清隆、桐野利秋、村田新八、そして五代友厚である。

このなかで、島津斉彬は日本一の英君と称してもよいほどの島津藩の名君主であったが、彼が育てた出色の家臣として次の4名が挙げられる。西郷、大久後、寺島宗則、そして五代である。西郷と大久後は超有名人であるが、寺島は五代の若い頃から人生をともに歩んだ人であり、外務大臣まで務めた。また「若き薩摩の群像」の一人として初代文部大臣を務めた森有礼《ありのり》がいた。

本章に入る前に、五代友厚の人生をごく簡単に素描しておこう。

五代は、薩摩藩の上級藩士であった父・五代直左衛門秀尭《ひでたか》、母・やす子の次男として、1835（天保6）年12月26日（新暦12日）に鹿児島城下町の城ヶ谷村（現在の長田町）で生まれた。4人きょうだい（兄、姉、妹）であった。幼名を徳助のちに才助と称していた。西郷や大久保が下級藩士の家系であるのに対して、友厚の場合は藩籍が5代目まで続いた家格の高い家柄であった。

彼は、10歳のときに藩校（造士館《ぞうしかん》）で官学、武芸、外国語などを学んでから、藩の役人になる。どういう仕事をしていたかははっきりしない。21歳のときに幕府の学校である長崎海軍伝習所に派遣され、航海術、軍事教練、外国語（おもに蘭語〔オランダ語〕）などを学ぶ。

長崎においてイギリスの商人、トマス・グラバーと知り合い、のちにいろいろな付き合いをするようになる。その間に上海にも行っている。1863（文久3）年の薩英戦争において、寺島宗則とともにイギリス艦隊の捕虜になる不名誉を経験し、藩から批判を浴びて一時期身を隠す生活を送る。

隠遁生活も明けて、五代は藩に富国強兵策と海外への留学生派遣を上申し、それが認められた結果、本人がイギリス派遣団の副団長のような資格（御船奉行副役）で15名の留学生とともに、29歳のときにイギリスに渡る。

そう若い年齢ではなかったことに留意したい。従って彼の場合には、イギリスで学ぶというよりも薩摩藩の外交に関する仕事を担当したり、商取引の実行者としての役割が大きかったのである。その証拠に、フランス生まれのベルギー伯爵シャルル・モンブランとさまざまな商談を成功させたし、商社設立の合意までした。

トマス・グラバーとシャルル・モンブランは五代の人生を語るうえでとても重要な二人の外国人であり、彼の薩摩藩士としての富国強兵、殖産興業政策の実行、そして、その後の明治新政府の外交官、官を辞しての経済人としての生活にも影響を与えた。

渋沢栄一はフランスでフリュリ＝エラールから銀行業を学んだが、五代におけるグラバーとモンブランは、渋沢におけるエラールよりもはるかに大きな影響力があったし、商取引上においてとても重要なパートナーであった。

帰国後の五代は、薩摩藩の富国強兵と殖産興業政策に貢献するようになり、軍艦や船舶、機械の輸入、藩での鉱山開発、工場をつくって製造業などで働くこととなる。これらの仕事は五代がのちに民間経営者になったときの経験として礎になったのである。

1868（明治元）年に明治新政府の時代となり、五代は今でいう外交官の生活を大阪でするようになる。おもな仕事は、外国貿易の関税や種々の事務上の管理、大阪港の建設と管理、外国との取引で生じる紛争の処理などさまざまであった。そこでは外交問題となった堺事件などの処理にもあたった。五代の官僚生活はかなりの成功であった。

ところが五代に横浜転任の指令が届き、彼は赴任するがすぐに辞官して大阪に戻り、民間経済人としての生活を始める。1869（明治2）年の33歳のときであった。東の渋沢栄一も33歳で大蔵省の官職を辞して民間経済人になっているので、両人を比較しながら論じるのは興味深い。

五代が大阪で行った事業は、大阪造幣局の設置に関係したので、金銀の貨幣を鋳造する事業から始めて、銀や銅の鉱山開発や精錬、製藍《せいあい》業、貿易などを扱う商社業、港湾と鉄道の事業など多岐にわたる。

多岐にわたる事業を経営したのは東の渋沢と同じであるが、両者に違いもある。

第一に、渋沢が企業の経営に関与した数は500社近くにも達し、「日本資本主義の父」と称されるほどであるが、五代の場合はその企業数は渋沢よりかなり少ない。

第二に、渋沢が最初に手掛けた事業は銀行業（第一国立銀行で象徴される）であったが、五代の場合には、鉱山業と金・銀・銅などの鋳造と精錬であった。両者の、経済にとって何が大切であるかの認識の違いかもしれない。つまり金融業か製造業かの違いである。

五代にとって特筆すべきことは、八木（2020）の主張するように、政商として自社・自己の暴利をむさぼったかの判定である。政商とは資本家が政府と結託して高い利益を稼ぐ（代表例は、三菱財閥の創始者・岩崎弥太郎）ものであるが、北海道開拓使の民間払下げにおいて、五代が暴利をむさぼった、との説がある。八木孝昌はこの通説に異議を唱えたので、本書の後半で再吟味してみる。

経営者としての生活を送りながら、五代は商工会議所の設立に関与し、いわゆる財界活動の拠点を創設するとともに自らが会頭職を務め、文字通りの大阪財界の指導者となった。商業講習所の設置にも関与し、商業教育を大阪に根づかせようとした。

大阪財界の重鎮として大きな活躍をした経済人の足跡は本文で詳しく検討する。ところが1885（明治18）年に、五代は49歳で命を落とす。遠因は糖尿病にあったとされ、高血圧症心臓疾患が直接の死因であった。

東の渋沢は当時としては珍しい91歳まで生きた長命であり、それこそ数多くの事業を成したが、五代の場合には50歳になる前の死だったので、渋沢ほど長い経済人としての生活ではなかった。とはいえ明治時代の平均寿命は45歳前後であったとされるので、決して早世ではなく、仕事の種類と量の多さを渋沢と単純に比較するのは正しいとはいえないだろう。

序章　友厚の幼青年期とは

薩摩藩11代目藩主・島津斉彬の才覚

薩摩藩出身の人々が幕末と明治初期の時代に活躍して、日本の近代化の基礎をつくったのは、良い意味でも悪い意味でも意義があった。良い意味とは、殖産興業によって日本経済の離陸を図ったことと、立憲主義による近代化の道をつくったことが挙げられる。悪い意味とは、藩閥政治の中心にいたことと、強兵策が軍国主義への走りとなったことである。

多くの薩摩出身の人々がこうした貢献をしたのであるが、その源流をたどれば、薩摩藩11代目藩主の島津斉彬である。彼がどういう人物で、何を行い、そして有能な人材をどう育てたのかの姿を知っておこう。

五代友厚も、大きな影響を受けた人物である。斉彬の人生については芳(1993)から知りえた。幕末の四賢侯とは、すなわち福井藩の松平春嶽《しゅんがく》、土佐藩の山内豊《とよ》信《しげ》、宇和島藩の伊達宗城《むねなり》、そして島津斉彬とされ、そのなかでも斉彬は一段と傑出した人であったとみなしてよい。

江戸時代は鎖国政策によって、外国との交流や貿易が禁止されていたが、よく知られているように、薩摩藩は最南端の地域にあることを利用して、属国にしていた琉球（沖縄県）と秘密の貿易交流をしており、経済的に潤っていた。その副産物として、外国文化や知識が導入されていて、中国あるいは欧米諸国の実情についてもある程度知っている、という有利な立場にいた。

斉彬を語るときには、有名な「お由羅騒動」を避けては通れない。10代目藩主・斉興《なりおき》の後継問題が起きて、正室との間での実子・斉彬と、側室・お由羅との間の子ども久光との跡目争いとなった。二人の仲はそう悪くなかったが、両者の支持派が血と血を争う事件になったのである。結局は江戸幕府の老中・阿部正弘の裁定により、斉興の隠居と斉彬の藩主就任という決定が下された。その後わずか7年間しか斉彬は藩主を務めるにすぎなかったが、その短い期間でも藩と日本の進路を決めるほどの大きな仕事をしたのである。

この騒動には後日談がある。まず斉彬の50歳前後における病死には、父親・斉興ないし異母兄弟・久光による毒殺説もあるが、ここでは追及しない。むしろ斉彬の死後は久光の子ども・忠義が12代目藩主となり、明治維新の時代に藩と日本のために働いた。斉彬と比較して、久光は凡庸さが強調される。しかし、ここで詳しくは述べないが、なかなかの仕事をしている。斉彬が優秀すぎたので、かえって凡庸さが目立った面があるとしておこう。

島津斉彬が、どのような政策を打ち出したのかを簡単にレビューしておこう。若い頃から英明さの目立った人であり、蘭学を中心にして西欧文明の知識の蓄積は豊富であった。特に彼が関心を寄せたのは、１８４２年にイギリスと清の間の「アヘン戦争」であり、清が敗北し、欧米列強の属国ないし植民地になる姿を見て、日本はこうなってはいけない、という危惧を抱いた。それを阻止する政策を考えることにあった。一言でまとめれば、富国強兵と殖産興業であった。これは家臣筋の代表である五代友厚、そして明治時代の指導者、大久保利通などに引き継がれる政策であった、と強調しておきたい。

具体的には、工業を発展させて製造業の育成を図り、軍艦、船舶、機械などを多くつくって国防と海防、そして産業の発展を期する政策の重要性を説いた。そのためには、西欧の文明と技術の吸収・導入に励むことが大切と考え、開国と貿易の進行が必要としたのである。斉彬が尊王攘夷（天皇を政治の中心とし、日本から外国人を追い払うという政治思想）の考えを持っていたかどうかは判断できないが、攘夷派ではなく開国派であったことは確実である。

もろもろの斉彬の思想、政策のうち、筆者がもっとも重要で価値があると考えるのは、これらの政策を実行する人材の発掘と育成である。

藩校である造士館の充実に精励したのは斉彬である。のちにイギリスへの留学生派遣の政策を薩摩藩は採用するが、斉彬は生前にこの考えをすでに披露していた。この考えは五代の「上申書」などもあって、のちに実行されたものである。さらに人材発掘に関しては、身分の上下に関係なく、有能な人を抜擢した。その例として、下級藩士にすぎなかった西郷隆盛を一人挙げるだけで十分であろう。

世界地図を模写したという逸話

五代の幼少期については不明なことが多い。藩校である造士館で学んではいるが、斉彬が藩主になって造士館の教育を改革しようとしたときには、才助（友厚）はすでに卒業していたと考えられるので、洋学、天文学、船舶術などを学んだ形跡を見つけるのは困難である。

才助が学んだことは、旧態依然の漢学、儒学、武術などが中心であったと想像できる。しかし当時であっても蘭語は少し教えられていたので、多少はそれを学んでいたと思われる。これは、実はのちに述べることになる長崎留学に役立つことになる。

才助は賢くて英明な少年であったことは伝えられている。その証拠としてよく語られるのは、14歳のときに藩主・島津斉彬がオランダ人から得たとされる世界地図の模写を命じられたとき、才助は二枚を完成させてから、一枚を斉彬に、もう一枚を自分のものにした、という逸話である。具体的には、斉彬は才助の父・秀尭に命じたものを、息子の才助が現に実行したことになっている。

当時の世界地図は外国語が入っていただろうし、それが理解できないと模写できないと予想できる。地理や測量学の知識がないとうまく描くことはできないであろうから、後世の人々の間ではこの才助の世界地図の模写物語は、その優秀さを際立たせる逸話として語り継がれてきた。

　それを最初に公表したのは、『五代友厚伝』を出版した五代龍作（五代 1933）である。龍作とは、友厚の娘・武子と結婚した婿養子である。もともとは紀州の出身で、イギリスに留学して機械工学を学んだのちに東京大学で教授を務めた人であるが、五代家に入ってからは大学を辞して、友厚の事業を継承した。

　本格的な友厚伝を最初に記した人であり、古典のように扱われている書物なので、のちの友厚に関する書物、論文を書いた人は必ずこの伝記を読んでいるとされる。親族の書いた書物であるから、友厚の伝記作家、たとえば宮本（1981）、芳（2000）、田付（2018）においても、この伝記は正確なものと受け継がれ、才助の幼年時代がいかに優秀であったかを語る逸話を含んでいるとして重宝がられてきた。

　ところが最近になって、八木（2020）がこの話題を丹念に検証して、新しい事実を公表したのである。その地図は才助が模写したものではなく、実兄の友健（のちの吉崎徳夫）が模写したものであると発見したのだ。吉崎徳夫の子孫である吉崎敬三の倉庫から世界地図の模写版が見つかったのである。友健は当時13歳であり、実弟・才助は7歳下の6歳だったので、いくらなんでも6歳で模写などできるわけもなく、友健の仕事とみなせる証拠の一つとなる。

吉崎徳夫は長じて学者になった人物なので、決して実弟の才助より劣る人物ではないと思われる。そのため模写をしたのは彼であるともみなせる。

ではなぜ、後世の人は才助の模写であるとしたのだろうか。それは片岡春郷という人物が『贈正五位勲四等五代友厚伝』のなかで、模写が才助の仕事であったと記したのがことの発端である、と八木（2020）には記されている。片岡は五代友厚が創設した鉱山に勤めた社員だったので、友厚の死後から10年ほど経過したのちの執筆であれば、才助の模写であるとのうわさ話が真実味を帯びて語られるようになったのかもしれない。

実兄・友健の模写であり、才助は関係ないという事実、いわゆる今まで信じられてきたストーリーをどう理解したらよいだろうか。

歴史としては真実を重宝すべきことは確実であるが、のちの偉大な仕事を評価あるいは美化せんとして、非意図的であったとしても、子どもの頃からその神童ぶりを語るのは、世の中でかなり多くの実例がある。たとえ、その神童ぶりが事実でなかったとのちに判明したとしても、当時は神童ぶりの誉れがまわりの眼から見て感じ取られていた、と感得するだけで十分であろう。

成人してからの友厚の業績については記録が多く残っているだけに、その人物評価には正確さがあるのだが、八木（2020）は、たとえ記録は残っていても解釈に間違いや不正確さがある、と指摘しているのは貴重である。それは五代の北海道開拓使払下げ問題に関してでも発生した。これはのちに言及する。

造士館の時代

藩校の「造士館」で学ぶ前に、友厚は「児童院」という学校で学んでいたとされるが、この学校の存在自体が証明されていない。むしろ薩摩藩固有の「郷中《ごじゅう》教育」に言及しておこう。

郷中とは、小さな地域別に組織された教育・訓練組織であり、藩士の息子が学んでいた。四つの年代別のグループに編制されており、小稚児《こちご》（6歳から10歳）、長稚児《おせちご》（11歳から15歳）、二才《にせ》（15歳から25歳）、長老《おせんし》（妻帯した兄貴分の人）と呼ばれた。薩摩の英雄である西郷隆盛や大久保利通も郷中で育った。

武士の子弟の組織なので、教育は厳格で武芸や儒学（特に朱子学）を学んだ。江戸時代の中期に、幕府は林羅山の流れを組む精神思想として、君主と家来、親と子ども、夫と妻の間の主従関係を厳格に規定するために朱子学を重宝した。幕府内に昌平坂学問所（昌平黌《こう》）を創設して、それを教えたし、薩摩藩の郷中においてもこの昌平坂学問所の精神を受け継いで、朱子学を教えていた。

その伝統を明確にして創設されたのが、1773（安永2）年にできた藩校の造士館である。この学校については大石編（2006）を参考にした。8代目藩主・島津重豪《しげひで》による開校であり、江戸の昌平坂学問所をモデルとした。重豪は、特に学問に関心を抱き、武芸、朱子学のみならず洋学、医学、天文学にも注意を払った。さらに曽孫の斉彬を幼少の頃から優秀な人物として評価し大いに将来を期待したのである。

現に藩主になった斉彬は造士館の改革に乗り出し、洋学を重用して外国語を筆頭に、西洋の化学、船舶学、天文学、地政学などを教える学校にしたのである。残念ながら友厚は、この斉彬の造士館改革の姿に接することはなかった。先に触れたように、彼はすでに卒業していたと思われる。

五代友厚にとって大切なのは、造士館時代の同窓生として、家老となる小松帯刀《たてわき》、首相となる松方正義、公武合体論者で歌人として有名になった高崎正風などいろいろな人と知り合いになれたことであり、これがのちの彼の人生にとって大いに役立ったことは間違いない。

なお、造士館は明治時代に入ると廃校となるが、旧制の中学校としてその姿は生き残り、さらに旧制第七高等学校、今の鹿児島大学へと発展していくのである。

第1章　長崎海軍伝習所と薩英戦争

長崎海軍伝習所の役割

江戸幕府の末期には、欧米諸国が軍艦を従えて日本に開国を迫る時代になっていた。有名なのは1853(嘉永6)年のアメリカのペリー来航であり、ロシアなども日本近海に現れて開港と通商の開始を求めた。オランダ以外の国との交流を禁じていた幕府の鎖国政策は、海外からの武力の脅しを伴う開国要求の圧力を受ける時代となった。幕府側もその対応に苦慮していたし、海軍力の増強によって国を守る必要性を感じるようになっていた。

薩摩藩においても、斉彬は1840年に起きたアヘン戦争によって、大国の清がイギリス軍に打ち負かされて、植民地化されそうになっている事実を知っており、日本も国防を固めねばならない、と感じていたのである。

もとより中央政府の幕府と地方政府の藩(薩摩、長州、肥前など)とは、思惑の異なるところがあることは無視できない。藩によっては開国やむなしと思っていたところがあるし、あわよくば中央の幕府の言いなりにならないようにしたい、と感じた藩もあった。もっとも、その当時はまだ倒幕の思想は強くなかった。

幕府は危機意識から海防政策を導入して、浦賀で洋式艦隊の製造に着手した。それは横浜や横須賀での製鉄工場の建設につながり、遅まきながら富国強兵、殖産興業への舵取りに向かったのである。しかし幕府だけでそれを成就するのは力不足なので、諸藩の力を借りなければならない、という皮肉を伴っていた。

どういう皮肉かといえば、諸藩にも軍艦製造を認めて共同で海防にあたるという目的を幕府は持っていたが、藩全体が独自に海軍兵力を筆頭に軍事力を強めたことは、のちになって討幕運動に使われるようになる、ということにあった。

幕府は1855（安政2）年の10月に、長崎海軍伝習所を開設した。この学校については神谷（2018）から知りえた。なぜ江戸から遠い長崎なのか、という説明は容易である。唯一、幕府が交流を持っていたのは欧米諸国の列強のなかではオランダだけである。オランダは交流の基地を長崎に持っていたし、オランダ人の教員も長崎には来やすかった。さらに港や造船所をつくるのにとても有利な地形を有していた。

幕府は伝習所に40～50名も送り込み、さまざまな教育・訓練を行う組織にした。このなかには勝麟太郎（海舟）や榎本釜次郎（武揚《たけあき》）などもいて、のちに幕臣として有力になる人もいた。

薩摩藩からは16名を長崎に送り込んだ。そのなかには友厚をはじめ税所《さいしょ》四郎左衛門（篤敬）、川村与十郎（純義）などがいた。開校当初は幕府からの派遣生のみであったが、2年後には薩摩をはじめ他の藩から来た人も伝習所に入った。特に人数の多かったのは肥前から派遣された人々であった。

主として伝習所で学ぶ科目は航海術、砲術、測量、機関、数学、化学などであった。先生はおもにオランダ人の軍人や船舶の機関士がその役を務めた。授業はオランダ語がつかわれたので、伝習生はオランダ語を習得する必要もあった。伝習所を開設してから1年後には、幕府は長崎に造船所をつくって造船の教育と製造を同時に行う態勢を整えた。

オランダ側が、この海軍伝習所と伝習生をどう評価していたかを知ることは興味深い。教育掛《がかり》のカッテンディーケは手記『長崎海軍伝習所の日々』のなかでいくつかの貴重な文書を残しているので、それを記しておこう。

第一に、幕府から派遣された榎本釜次郎の優秀さを褒めている点である。人格と学問に秀で、かつ快活でものごとに熱心に取り組む姿を評価している。その後、彼はオランダに留学して船舶学、化学、砲術などを学んだ経験を持つ。

帰国後は幕府の海軍の司令官となる。戊辰戦争の敗北後も、江戸から艦隊を率いて箱館（今の函館）まで逃れて新政府軍と戦ったのは有名な話である。明治維新後も彼の有能さは旧幕府の人であるにもかかわらず評価されて、新政府の諸内閣でさまざまな大臣を務めた人であった。

第二に、カッテンディーケが長崎にいたとき、伝習所は1857（安政4）年に練習航海の一環として薩摩を航海訪問したことがある。そのときの咸臨丸の艦長が勝麟太郎であった。のちに江戸城の無血開城において幕府方の交渉役になった人物であるのは皆の知るところであり、若いときから指導力のあったことが艦長になっていることからも推測できる。

第三に、カッテンディーケの一行は薩摩で藩主の島津斉彬に謁見《えっけん》するが、そのときの接待役の一人が松木弘安（寺島宗則）であった。松木は若いときに江戸の昌平黌に学びオランダ語をマスターしていたし、教師もしていたほどであった。医学にも長じていて藩主・斉彬の侍医でもあった。カッテンディーケは松木の優秀さに感嘆したのである。のちの寺島は外務大臣も務めた逸材で、五代とともに薩英戦争で大きく登場することになる、と述べておこう。

一行は、集成館という工場群で鉄や銅の鋳造、機械製造、大砲工場、製陶場、ガラス工場などの設備を見学して、薩摩藩の経済と軍事が強くなりつつあることを悟ったのである。

以上をまとめると、カッテンディーケの人物評のなかには、五代友厚はほとんど登場しない。彼の講義を長崎伝習所で受けていたであろうが、彼の手記のなかでは書かれていない。伝習所は二度も薩摩に練習航海を挙行していたが、そこに友厚が同行していたかどうかも不明である。したがってカッテンディーケの人物評価で称賛されたのは榎本武揚、勝海舟、寺島宗則であり、五代友厚はそのリストには含まれていなかった。

この事実でもって、五代友厚は凡庸な人物であったと解するのは早計である。たまたまカッテンディーケに接する機会がさほどなかったか、カッテンディーケの評価する視点が政治、軍事、航海、医術、語学などで秀でた人物であったからかもしれない。のちになって五代が実力を発揮するのは、経済人、ビジネスの分野なので、彼と会ったとしてもその才能を示す余地がなかったのかもしれない、としておこう。

長崎で船舶や軍艦の購入などを行う仕事に就く

1858（安政5）年に藩主・斉彬が没したことにより、五代は一時薩摩に帰るが、しばらくしてふたたび長崎に出向く。合計で数年ほど長崎に滞在することになる。ところが幕府主導の長崎海軍伝習所は、ほんの数年の存在の末に1859（安政6）年の2月に閉鎖されてしまったのである。幕府はすでに1857（安政4）年に築地軍艦教習所（のちの軍艦操練所）を設置していたので、長崎は不要になったのであった。

なぜ幕府が伝習所を長崎から築地に移したか、理由を記した文献を見つけられなかったが、筆者の解釈は次のようなものである。

第一に、長崎では幕府側の軍人、船員ばかりではなく、肥前、薩摩、長州などの諸藩の人々も実習しているのであり、幕府本体と諸藩との間に微妙な対立関係が生じつつあったので、幕府は諸藩の人々の軍事力が強くなるのを避けようとしたのかもしれない。

第二に、幕府は外国からの開国要求に苦慮しており、自分の身近なところで軍艦の製造と兵士の訓練をせねばならないと感じるようになっていた。そのためには長崎のような江戸から遠いところより、江戸に近いところに伝習所、操練所を持っていたほうが都合が良いと判断していた。しかも軍艦製造も横須賀と横浜なので、なにかにつけて都合が良く、近隣の場所というのも幕府の決定であった。


短い期間にすぎない友厚の長崎海軍伝習所での修業であったが、彼にとってはとても有意義な時代であった。船舶操縦術、大砲操作術、化学、機械などの勉強ができたし、何よりもオランダ語の習得と少しの英語、そして間接的にせよ、西洋文明に接することのできた点が大きい。

もっとも重要なことは、榎本武揚、勝海舟などの幕府側の英才、そして他藩から派遣されてきた優秀な人材に会えて知己を得たことであった。それらの人は必ずしも伝習所時代だけでなく、その後、彼が長崎にいたときに会った人々をも含む。

それらは薩摩藩では寺島宗則、家老の小松帯刀、長州藩では高杉晋作、木戸孝允《たかよし》、肥前藩では大隈重信、土佐藩では坂本龍馬、後藤象二郎などであった。これらの人々は幕末、維新で大活躍した人である。必ずしもこれらの人々は長い間長崎に滞在した人ばかりではなく、ほんの一時期だけ長崎を訪れて、五代と会った経験を持った人もいる。

五代は1862（文久2）年の1月に、藩命によって御船奉行副役（船舶・軍艦の購入や管理を行う役職の次長）に就任する。じつは、薩摩藩は鹿児島で斉彬の主導の下、集成館をつくって機械、船舶、大砲などの生産を行っていたが、船舶や軍艦の製造、特に蒸気船の製造には成功していなかった。

自前で建造した船舶もうまく利用できることはなく、結局、艦船は外国の製品を購入せざるをえなかった。いわば、五代は商社マンのようになって、外国の艦船や他の商品を薩摩藩が購入する際の仕事に従事するようになった。

その後、彼の職業生活（すなわち経済人）の成功を見るにつけ、この職に就いたことはまさに「水を得た魚」のように、商才を発揮できる立場になったのである。

トマス・グラバーという人物

長崎に旅行した人の多くは「グラバー園」を訪れるのではないだろうか。イギリス人のトマス・グラバー（１８３８―１９１１）が長崎において貿易業に従事し、その居住家が「グラバー邸」として保存されている。「グラバー園」には他にも外国人の邸宅があるが、グラバーはもっとも重要な人物なので、ここでは彼を扱う。何よりも五代とは深い関係のある人物なのである。グラバーの生涯については杉山（1993）が詳しいのでそれを参照した。

グラバーの生涯、特に五代との関係を詳しく語る前に、グラバーの生い立ちと評判を一言述べておこう。有名なイギリス外交官であったアーネスト・サトウの『一外交官の見た明治維新』（サトウ 1960）には、ほとんど彼の名前は登場しない。政治家あるいは外交官ではなかったグラバーだけに、政治の歴史上で何をしたかが語られないのは当然である。

彼は一介の貿易商だったのであり、政治や外交の政府担当者ではなかった。しかし、彼の扱った商品（武器や艦船など）は幕末と維新時の幕府や諸藩の勢力と動向に強く影響を与えたし、イギリスの外交官とも接触があったので、間接的には、歴史の進展に影響のあった人物なのである。

もう一つ重要な視点は、当時のイギリスは帝国主義の最先端にいる国として、アメリカ、カナダ、インド、中国、アフリカなどに軍事進出をした時期もあったが、それらの国と貿易を行う経済取引の中心国としても存在していたことを忘れてはならない。

代表的には、イギリスは過去に東インド会社を設立して、ほぼ独占的に海外貿易を行うようになっていた。歴史上、イギリス東インド会社は１８５８年に解散したが、他の貿易会社が外国との貿易を担った。その一つの会社が、グラバーの所属したスコットランドの海外貿易会社であるジャーディン・マセソン商会である。

ついでながら欧米諸国（イギリス、フランス、オランダ、アメリカなど）は植民地争いに加えて、外国との貿易の覇権をめぐって競争していたことを記憶しておきたい。日本に関しては、イギリスとフランス両国が幕末に幕府を助けるか、それとも薩摩、長州などの雄藩を助けるかで競争をしていた。イギリス人のトマス・グラバーとフランス人のシャルル・モンブランの二人が、薩摩藩において五代友厚などと交渉を持つに際して、争いとまではいわないがぎくしゃくする。それはのちに言及する。

やや本題から離れるが、幕末において幕府に対していろいろな支援をしたのはフランスであったし、イギリスは生麦《なまむぎ》事件や薩英戦争などから、当初は薩摩藩と不仲であったが、最後は同藩を助けた事実は有名である。

それらをめぐって、フランス公使であったレオン・ロッシュとイギリス公使のハリー・パークスが不仲であり、対立していたこともよく知られている。本国での英仏間の植民地争いが、遠い日本にまで及んでいたのである。

ジャーディン・マセソン商会が日本でのビジネスを担う

トマス・グラバーは、スコットランドのフレイザーバラという小さな港町で生まれ、中等教育をアバディーンで受ける。親は、当時としてはそう裕福（職業は沿岸警備隊員）でなかったし、まだ大学進学はあたり前の時代ではなかったので、中等学校の卒業後はすぐに仕事に就いた。

就職先は、ジャーディンとマセソンの二人が出資してできた商会で、東インド会社の独占貿易が廃止されたのちは、１８６０年代では、東アジアに関与した最大の貿易商社になっていた。本拠地を香港におき、上海や横浜にも支店を設けていた。商品取引の貿易だけでなく、船舶、運輸、保険、金融などにもビジネスを拡大して、コンツェルンにまで成長した大会社である。

興味があるのは、中華人民共和国が１９４９年に成立すると、ジャーディン・マセソン商会は中国から撤退して、香港で金融、不動産、運輸、小売、流通などの諸事業を行う総合商社として再出発したことにある。

「フォーチュン」誌の世界の時価総額番付上位400番台にいるので、世界規模の会社になっているのである。まだ中国人に経営権は渡っておらず、経営を引き継いでいたケズウィック家の所有であった。

1858（安政5）年にグラバーは上海支店に派遣されたが、その翌年に日英修好通商条約が締結され、ジャーディン・マセソン商会は日本でもビジネスを開始することとなった。1859（安政6）年には、長崎も開港されるところとなり、ジャーディン・マセソン商会はケネス・ロス・マッケンジーを長崎に派遣して、長崎で本格的なビジネスを開始した。マッケンジーが管理職、グラバーがその部下であった。

当時の長崎港での貿易量は横浜での貿易よりもはるかに少なく、貿易の商品にも長崎と横浜には違いがあった。横浜は生糸や茶の輸出額が多いのに対して、長崎は艦船や武器の輸入が目立ったのであるが、薩摩、長州、土佐、佐賀などの雄藩が軍事力の増強に励むため、艦船や武器の購入に走ったのである。これが、のちに詳しく述べるように、薩摩藩の五代が活躍する仕事となるのである。

ところが思わぬ出来事が発生した。マッケンジーが中国の長江（揚子江）流域での貿易業務に就くため、1861年の5月に長崎を離れるところとなった。これを機にグラバーはジャーディン・マセソン商会を〝部分的〟に離れて、独立のグラバー商会を新しく設立する。〝部分的〟という意味は、グラバーはジャーディン・マセソン商会という大商社の長崎代理人をも兼ねたということである。

もう一つ重要な変化は、長崎での貿易の実務を実行するいくつかの商会の管理を行うために、長崎（外国人）商業会議所が設立され、グラバーはこの会議所の代表委員に任ぜられたことである。長崎でも貿易を扱うに際して、重要なメンバーになったのである。

さらにグラバー商会は、他の商会を吸収して大きくなったし、兄の一人ジェームズもスコットランドから長崎にやって来てトマスを助けた。グラバー商会は商社としての活動を拡大するのに成功したし、グラバー自身も長崎を代表する商人になった。これは、グラバーが24歳のときであり、若くして長崎での商活動を行う地歩を固めたのである。

もう一つ指摘しておきたいことは、杉山（1993）の述べている点である。当時の外貨と邦貨の交換レートは銀貨表示だったので、まだ不完全であり、しかも横浜と長崎で相場が異なっていた。グラバー商会をはじめ外国商会は、商取引と外貨交換をうまく利用して多額の収益を得ていたのである。

こうしてグラバー商会をはじめ外国商会は、日本の幕府・諸藩との取引において、貿易の手数料と通貨交換のメリットを利用して、双方から莫大な利益を得た。逆にいえば、幕府や諸藩は外国商会との取引において、公平な取引もあったが不利な取引をさせられていて、損をしていたこともあった。貿易先進国と後進国の違いによって、日本は不利な扱いを受けていたのである。

ここでグラバーが幕府や諸藩の間で艦船の売買をどれほど行ったか、杉山（1993）がまとめているので、それを**表1－1**で引用しておこう。幕府のみならず多くの藩と取引をしていることがわかる。商社であれば売ればいいので、敵対する幕府と諸藩の双方に売っていることにも不思議はない。

五代の長崎滞在とグラバーとの出会い

ここでいよいよ五代友厚の登場である。

1回目の長崎滞在では、長崎海軍伝習所における航海術や艦船造船術などを学ぶことが彼の仕事であった。2回目の長崎滞在は1862（文久2）年に御船奉行副役になっていたことで象徴されるように、薩摩藩の海外貿易の実行役として、長崎の海外商会との商取引に従事する仕事が主たる任務となった。

五代とグラバーが直接商取引を行うようになったのは必然のことであった。五代が1835年生まれ、グラバーが1838年生まれなので、年齢差はわずか3年、しかも両人とも20代半ばという若い年齢だったのであり、こうした若者が大きな仕事をした時代だったのである。

五代とグラバーは2度も一緒に中国の上海に渡航して、船舶、軍艦などの買いつ

トン数	馬力数	建造地(年)		販売先	価格(ドル)
250	60	英、グラスゴー	(1861)	久留米	75,000
500	240	英、ダンバートン	(1857)	佐賀	120,000
887	150	英、ロンドン	(1861)	和歌山	138,500
383	―	米、ボストン	(1855)	薩摩	19,000
270	80	英、ラナークシア	(1864)	薩摩	100,000
204	70	英、ロザーハイズ	(1854)	薩摩	60,000
396	120	英、バーケンヘッド	(1862)	薩摩	125,000
64	35	香港	(1863)	幕府	30,000
161	40	不明	(1855)	幕府	60,000
323	―	英、アバディーン	(1865)	幕府	30,000
159	―	英国	(1855)	薩摩	12,000
396	―	米、ボストン	(1861)	佐賀(小城)	23,000
350	160	英国	(1858)	熊本	110,000
50	20	英国	(1865)	熊本	22,000
70	30	英国	(1865)	長州	50,000
140	25	上海	(1867)	土佐	75,000
67	25	英、ダンバートン	(1855)	宇和島	25,000
448	300	英国	(1863)	薩摩	155,000
487	―	英、ロンドン	(1863)	熊本	20,000
394	―	英、アバディーン	(1866)	熊本	40,000
252	90	英国	(1860)	福岡	40,000
259	140	英、ロンドン	(1867)	佐賀	100,000
236	60	英国		長州	125,000
236	60	英国		長州	125,000

出典：杉山伸也（1993）『明治維新とイギリス商人』岩波新書。

表1-1　グラバーの艦船取引

年	船名	日本名	船種
1864	スワトウ	雄飛丸	鉄製蒸気スクリュー
	カーセッジ	甲子丸	鉄製蒸気スクリュー
	バハマ	明光丸	鉄製蒸気スクリュー
1865	ハントレス	龍田丸	木製バルク
	キンリン	万年丸	鉄製蒸気スクリュー
	ユニオン	桜島丸(乙丑丸)	木製蒸気スクリュー
	エルギン	環瀛丸	鉄製蒸気スクリュー
1866	マーキュリー	竜翔丸	鉄製蒸気スクリュー
	ケストレル	―	木製蒸気スクリュー
	オワリ	千歳丸	木製バルク
	ワイルド・ウェーブ	大極丸	木製スクーナー
	ドルフィン	大木丸	木製バルク
	グラナダ	凌雲丸	鉄製蒸気スクリュー
	フェアリー	奮迅丸	鉄製蒸気スクリュー
	オテントウサマ	丙寅丸	鉄製蒸気スクリュー
1867	ナンカイ	若紫	木製蒸気スクリュー
	アイヤーシャイア・ラス	祥瑞丸	鉄製蒸気スクリュー
	キャンスー	春日丸	木製蒸気パドル
	コリア	泰雲丸	木製バルク
	カゴシマ	神風丸	木製バルク
	エンペラー	蒼準丸	鉄製蒸気パドル
1868	ユージーン	孟春丸	鉄木製蒸気スクリュー
	ベンダ	第一丁卯丸	木製蒸気スクリュー
	アサンタ	第二丁卯丸	木製蒸気スクリュー

「イギリス領事報告」、勝海舟『海軍歴史』「船譜」、『薩藩海軍史』中・下巻、多田実「幕末の船艦購入」などにより作成。ただし、トン数、馬力数は、資料により異同がある。バルクは3本マストの帆船。建造地不明の場合は国名だけを記した。

けの仕事を行っている。上海にはイギリスをはじめ欧米諸国で建造された船舶、軍艦が多く入っていたので、実地でそれらを見て五代は購入を決めた。もとより全部の船を中国で購入したのではなく、長崎における交渉だけで購入を決めたものもある。

田付（2018）は薩摩藩が外国から購入した船舶、軍艦をリストアップして一つの表にまとめている。**表1－2**である。

合計で17隻、主たる購入船の建造国はイギリスであった。幕末に洋艦を購入した量としては、幕府が34隻、土佐藩が10隻とされるので、いかに薩摩藩が多くの船舶と軍艦を購入していたかがわかる。

建造国	受取地	代価（千ドル）
イギリス	長崎	128
イギリス	横浜	130
アメリカ	長崎	95
イギリス	長崎	85
イギリス	長崎	75
イギリス	長崎	
イギリス	長崎	75
イギリス	長崎	120
イギリス	長崎	75
イギリス	長崎	
アメリカ	長崎	19
イギリス	長崎	95
イギリス	長崎	75
イギリス	長崎	80
イギリス	長崎	60
イギリス	長崎	12
イギリス	長崎	

田付（2018）より引用。

すでに強調したように、薩摩藩は琉球における密輸貿易で多額の資金を蓄えていたし、斉彬の指導の下に富国強兵策

表1－2　薩摩藩購入の洋式艦船

船舶名	受取年月	推進機関	船材	船長(m)	船幅(m)	喫水(m)	馬力(t)	噸数
天佑	万延元.11	蒸気・スクリュー	鉄				100	746
永平	文久２.８	蒸気・スクリュー	鉄				300	447
白鳳	文久３.３	蒸気・スクリュー	鉄				120	532
青鷹	文久３.４	蒸気・スクリュー	鉄				90	492
安行	文久３.９	蒸気・スクリュー	鉄	55	6		45	160
平運	元治元.１	蒸気・スクリュー	鉄	47	10		150	750
胡蝶	元治元.２	蒸気・外車	鉄	43	8	4	150	
翔鳳	元治元.４	蒸気・スクリュー	鉄					461
乾行	元治元.７	蒸気・スクリュー	木					164
豊瑞	元治元.10	蒸気・スクリュー	鉄	62	7		150	
龍田	慶応元.６	バーク	木	32	6			383
開聞	慶応元.７	蒸気・スクリュー	鉄					684
万年	慶応元.９	蒸気・スクリュー	鉄					270
三邦	慶応元.10	蒸気・スクリュー	鉄	54	7	2	110	410
桜島	慶応元.10	蒸気・スクリュー	鉄	46	6	3	70	205
大極	慶応２.３	スクーナー	木					
春日	慶応３.11	蒸気・外車	木	75	9	4	300	1015

出典：神谷大介『幕末の海軍』141頁。原典は「船譜」（『海軍歴史』所収）。

を実行し、藩の経済を強くしていたので、熱心に外国船を購入することが可能であった。しかもすでに述べたように、自藩で船舶を建造することに失敗していたので、輸入に頼らざるをえない事情もあった。

ここで五代が長崎において船舶や軍艦を筆頭に、主として商品の購入と販売を外国と行っていたことのまとめの評価をしておこう。

第一に、五代は、グラバーをはじめ外国商会と商取引の実践活動に従事するにつけ、本人が経済活動、あるいは企業活動を知ることによって、商工業への関心が高まったに違いない。これまでの彼の仕事は、薩摩にいたときには役人としての仕事、1回目の長崎での仕事は船舶術や大砲術の習得、あるいは工学、語学などの学問を学ぶだけでよかったが、2回目の長崎滞在では、商取引の実践を柱にした経済活動を身をもって体験したことであった。

第二に、日本ではまだ企業という概念が定着していなかったところに、グラバー商会をはじめ欧米の企業と交渉するにつけ、企業という組織の存在とその運営、経営方式を学び取ることができた。

この第一と第二の点は、将来に五代が企業人、経済人として生きる道を選択するとき、それを実践するうえで役立ったと思われる。

第三に、グラバーをはじめ欧米の人々と知己になったし、オランダ語や英語を習得するのに好都合であった。当然のことながら、これらの人々と接することにより進んだ欧米の文明、産業、経済、軍事力を知ることとなり、日本の将来を考えるとき、どういう政策を日本なり薩摩藩が採用すれば良いのかの考察と選択に貢献した。

もう少し具体的にいえば、2度の上海訪問で中国の姿を直接知ることによって、日本がこういう国になってはいけない、という思いを抱かせた。藩主の斉彬は、中国がアヘン戦争に敗れて植民地化への道に進みそうな雰囲気を知って、日本は富国強兵に進まないと中国の二の舞になりかねないと恐れたのと同じ感情を、五代も抱いたに違いない。中国の現状を直接見れば、この思いを確実に持ったに違いない。

第四に、すでに少し述べたことではあるが、五代は長崎滞在中に、国内外の優秀な人、実力のある人と知り合いになることができた。主として開明派の人が多かったが、幕府側の人でも有能な人と知り合えたことは、本人の思考形成と何をせねばならないかを企画するうえで、非常に有意義だったと思われる。のちに述べるように、現に五代はその後、これらの人々の手助けを得る機会を持つのである。

こうして途中、一時期は薩摩にいたり、上海行きもあったが、数年にわたる五代の長崎滞在は、本人の資質の向上に大いに貢献した。特にいろいろな重要な人と知人となり、これからの人生への糧となったのである。

生麦事件と薩英戦争

１８５０年代から60年代にかけての徳川幕府の日本は、ペリー艦隊を筆頭にした諸外国の艦船の来訪により、開国の要求に苦しんでいた。開国派と鎖国派の争いは深刻だったし、国内でも倒幕派、尊王攘夷派、公武合体派との間で武力による闘争があり、不穏な状態にあった。

１８６０（安政7）年には、井伊直弼大老が桜田門外で暗殺されるという政治の極度の不安定があり、幕府と雄藩（薩摩、長州、肥前、土佐）が政治権力をめぐって争いになりそうな混沌とした時代であった。

生麦事件は、こういう混沌とした時代の最中である１８６２（文久2）年の8月21日に、横浜の生麦という場所で起こった事件である。

斉彬の死後に、実質的な薩摩藩主となっていた島津久光が江戸から京都に向かう際、イギリス人の一行4名がその行列を避けずに下馬しない姿に、薩摩藩士が激高して斬りつけたのである。一人は命を落としたし、他の人も傷を負うという事件であった。

イギリスは、当然のごとく幕府と薩摩藩に謝罪と賠償金の要求を突きつけた。

当時の日本は、欧米諸国と1858（安政5）年に通商条約を締結して、開港と貿易の実施を認めていたが、その中身は不平等条約の色が濃く、何かと日本側には不利な取り決めが多かった。たとえば、外国人に対する犯罪の処罰にも、日本側に不利な点があった。

幕府と薩摩藩に対してイギリスの代理公使のジョン・ニールは補償を要求して、幕府には10万ポンド（約40万ドル、30万両）の賠償金、薩摩藩には2万5000ポンドの賠償金の支払いと、犯人の処罰を要求したのである。

イギリス側は要求貫徹の圧力をかけるため、幕府に対しては英仏蘭米の4か国の艦船を横浜に集結させた。本書との関連でいえば、薩摩藩への圧力にもっと関心が高まるし、それが薩英戦争の発端になるので、そちらに特化して叙述する。

イギリスは、7隻の艦隊を翌1863（文久3）年の6月に鹿児島に派遣して、圧力を強めようとした。代理公使のニール、オーガスタス・レオポルド提督が指揮を取ったが、薩摩側は松木弘安（寺島宗則）を御船奉行としてトップの役、五代を御船奉行副役としてこれにあたらせたのである。

ここで松木はとても重要な人物である。医者として斉彬の侍医だったのみならず、江戸で学問を修めてから、西欧に幕府から1年間派遣されて勉学に励んだ経験を持ち、薩摩藩きってのエリートだった人物である。松木が五代より3歳年上の年齢差であった。なおこの二人は、のちに薩摩藩のイギリスへの留学生派遣の引率役として一緒にイギリスに渡る仲間であることを記しておこう。

なぜ、イギリスが艦船7隻も錦江湾（鹿児島の海湾）に派遣したかといえば、イギリスの要求に薩摩藩が応じなかったからである。

その根拠は、生麦事件のイギリス人が当時の掟、すなわち大名行列には民間人は横道に控えなければならないという慣習を破ったので、藩に責任はないとみなしたのであろう。

一方のイギリスからすれば、当時の不平等条約の取り決め通り、外国人には特権がある、とみなしたのであろう。あるいは藩に大金の賠償金を負担するのは困難、との判断があったのかもしれない。藩内ではイギリスとの主戦論が主流になっていた。いろいろ間接的な文書を通じての交渉はあったが成功しなかった。

ついに両サイドは戦闘状態に入り、砲撃戦が繰り返されることとなった。1863年の7月のことであった。これが薩英戦争である。イギリス側と薩摩側双方に人的被害が発生したし、薩摩藩の民家、工場も焼失したのである。7月3日に砲撃戦は終了した。しかしイギリス側は上陸しなかった。

五代と松木弘安がイギリスの捕虜となり……

ここで奇妙なことが発生した。薩摩藩の3隻がイギリス海軍に拿捕《だほ》されたのであり、それと同時に松木弘安と五代友厚の二人がイギリス側の捕虜となって、イギリス艦船に乗り移ったのである。ここで根も葉もない「うわさ」が薩摩藩内でささやかれるようになった。

それは松木と五代という二人の「西洋かぶれ」の幹部は、イギリスの要求を受け入れようとして藩に不利な条件で講和に臨もうとしている、との「うわさ」である。

当時の藩には、薩摩の政治力と軍事力に過剰な自信があって、武闘派の勢力が強かったのである。換言すれば、イギリスに屈服するなどという安易な妥協は排除される雰囲気にあった。松木と五代の二人は、藩内の人からすると安易にイギリス軍の捕虜となった臆病者であり、藩の名誉を傷つける身になっているのではないか、という疑いの眼が注がれたのである。

薩英戦争の結末はどうであったろうか。イギリス海軍のほうが総合力では優れていたが、艦長を戦死で失ったし、かなりの被害を受けていたので、7月4日に松木、五代の二名を拉致したまま鹿児島湾を離れた。表面上は休戦状態となったのである。その後、江戸に戻った代理公使のニールと、大久保利通や重野厚之丞などが江戸で交渉にあたり、賠償金2万5000ポンドの支払いを容認することと、藩がイギリスから軍艦の購入をするということで合意した。

当時の薩摩藩では、家老の小松帯刀の時代になっており、その配下の開明派、大久保利通などが実権を握っていたのである。

薩英戦争の経過と終結に関しては、いくつかの逸話が五代に関して残されている。

その第一は、八木（2020）の明らかにしていることであるが、イギリス海軍が鹿児島で上陸して薩摩藩と戦闘しなかった理由に関してである。

捕虜になっていた五代が、艦上でのヒアリングにおいて、「薩摩藩には10万人の強い兵士がいて、死ぬ覚悟でイギリス兵と戦う意思を持っている」と告白したため、イギリス軍が薩摩軍の強さに恐れおののいて、上陸を思いとどまった、という逸話である。これは五代の「大言壮語」として、五代龍作による『五代友厚伝』に記されている。だが今では五代への過大評価と結論づけられている。

第二は、これは長井（1984）に記されていることであるが、鹿児島から横浜までイギリス艦船に捕虜として連れてこられた松木と五代の身柄に関してである。ちなみに長井五郎の文献における清水卯三郎とは、イギリス側で英語の通訳をしていた人である。

それは横浜に連れてこられた松木と五代の解放が、イギリスによる意図的な解放か、それとも脱出かの違いに関することである。イギリス側からすると、この二人は鹿児島湾のイギリス艦船に勝手に乗り込んできた身分との立場を取っていたので、正直にいうと二人の処分に困惑していた、というスタンスを取っていた。

さらに連行中に、二人から薩摩藩の現状や軍隊の装備などの情報を聴取し、すでにその役は終了したとの認識にいたので、二人はいついなくなってもよいとの判断をしていた。そこでイギリスは、二人のイギリス艦船からの脱出を黙認したとの説である。

第三に、実際には脱走をイギリス側は黙認した松木と五代であったが、薩摩藩では二人の評判がふたたび悪くなっていた。それは二人が解放されたいために、藩の実情や軍隊のことをイギリスに情報として流した、という「うわさ」が藩内で流布されたのである。もし二人が脱出後に薩摩に帰藩したら身の危険が及ぶかもしれない、との危惧が生じていた。

なぜ、そういう「うわさ」が広がったのか。二人は生き残るために武士の精神を忘れた、との批判が生じたからであった。

そこで清水卯三郎の遠縁にあたる吉田市右衛門の家で、しばらくの間、隠れた生活を送ることにした。家老の小松帯刀は二人を心配して隠遁生活を勧めたというのであるから、藩ではよほど松木と五代への反感が強かったものと想像できる。

隠れ生活を、五代はほぼ2、3か月してから長崎に向かい、松木はもっと長く吉田の家に滞在したとされるので、二人の性格の違いが読み取れる。

のちに五代はビジネスの世界に入ることで示されるように、リスクを気にしない心理特性があると想像できるが、松木は医学者であるし、のちに外務大臣になることで示されるように慎重居士《こじ》であったと想像できる。

第2章　薩摩藩の英国使節団

御船奉行副役に就くため三たび長崎へ

1864（文久4、元治元）年の1月、五代は長崎に戻った。御船奉行副役の仕事に就くためであるが、彼の身にはいろいろなことが起きた。

すでに述べたように、五代と松木（寺島）への非難の声はまだ収まっておらず、五代は長崎で苦境に立たされた。臆病者、裏切り者という非難に加えて、イギリス商人グラバーから藩による船舶、軍艦購入の際に賄賂を受け取った、との声すらあったのである。

この批判を気にして、命すら危ない五代に対して家老の小松帯刀は資金を与えて、中国の上海に一時逃亡する策まで提案するが、五代はそれを受け入れず、長崎に居座った。一説によるとグラバーの屋敷に匿《かくま》われたとの声もあるが、いたとしても短期間にすぎないだろうし、細かい真偽のほどは不明である。

むしろ信頼すべき情報は、長崎での五代は、彼に同情的であった幕臣の酒井三蔵の家に潜伏して、ここで自分のことや薩摩の国をどうしたらよいかの思索に励んだということにある。そして同時に、グラバーと交渉を頻繁に持っていた、と理解するのが穏当であろう。

ところで、グラバーと頻繁に交渉があったならば、長崎において五代は商品取引の実際のみならず、英語の習得、ヨーロッパにおけるビジネス慣行、そして先進国であるヨーロッパの現状を彼から大いに学んだのは確実であろう。五代はますます開明派になる経験を長崎でしたのである。

巨万の富を得たグラバー

一方のグラバーは何をしていたかといえば、ジャーディン・マセソン商会から委託されて、船舶と軍艦を幕府や有力諸藩が購入する際の斡旋を積極的に行っていた。グラバーは何隻ぐらいの船舶を斡旋・売却したかを知るには、杉山（1993）の準備した表1－1（46・47ページ参照）が有用である。

この表によると、5年間（1864―68）に24隻、価値として約168万ドルの商売なので、かなりの額である。長崎に存在したいろいろな外国商会の扱った船舶の約30パーセント、価値として約36パーセントをグラバーが扱ったとされるので、約3分の1の取引を占めており、数ある外国商会のうち大口の取引成功者であった。グラバーが巨万の富を得たのは間違いない。

むしろ興味のあるのは、表が示すように販売先は幕府を筆頭に和歌山や宇和島といった親藩や、薩摩、長州、熊本、佐賀といったいくつかの雄藩であり、「売却先は幕府でも反幕府でもよい」という相手を選ばない商売優先にある。「死の商人」という別名を呈してもよいほどの商売繁盛であった。さらにグラバーは、もう一人の兄チャールズがアバディーンで設立した船舶保険会社を通じて、日本側が発注する、イギリスの造船会社がつくる船舶への仲介業務も行った。

さらにもう一つの重要なグラバーの商売は、小銃、大砲といった兵器類の販売であり、これも幕府、幕府の親藩、そして反幕府の雄藩が取引の対象であり、このことも「死の商人」の別名をグラバーが背負っても仕方のない特色であった。

イギリスとフランスの覇権争い

19世紀のヨーロッパは、イギリスとフランスが植民地政策をめぐって争いをしていたといっても過言ではなかった。植民地主義、あるいは帝国主義はイギリスという大英帝国がフランスに先行していた。だが、第二帝政と呼ばれたナポレオン三世の時代（１８５２―70）に、イギリスと比較して遅れていたのを取り戻すためにフランスは積極的に外交、植民地政策を展開していた。

東アジアに関しては、１８４０年からの2年にわたるアヘン戦争の勝利によって、イギリスの優位が目立っていた。日本に関しては歴史的経緯からオランダが唯一交易の権限を有していたが、なにぶんにも小国であるがゆえに、大きな影響力はなかった。そこに英仏米などが日本に開国を迫っていたのが、１８５０年代である。

英仏に関しては、東アジアにおいてイギリスが先行しており、フランスは遅れ気味だったので、１８６４年にレオン・ロッシュを駐日公使として送り、日本における権益を強めようとした。

特に、幕府への支持を集めてイギリスに対抗する姿勢を取りはじめた。財政と軍事の支援という名目で横須賀に製鉄所を建設する援助をしたし、１８６７年の第2

回パリ万国博覧会には、フランスは幕府からの出展を招待した。しかし、この万博には薩摩藩も出展したので、幕府対雄藩という国内での対立関係をパリでやや反映した姿であった。薩摩側ではフランス人のモンブラン伯爵が暗躍していた。モンブランについてはのちに詳しく言及する。

英仏は、日本への開国要求と交易業務の確立という点では共通歩調を取っていたが、どちらの国がヘゲモニーを取るかに関しては、両国間で争っていた。具体的には1863年の薩英戦争で象徴されるように、イギリスと薩摩藩は一時期険悪であったが、それが落着すると両者は接近を図った。特にフランスと幕府が仲良くなりつつある姿をイギリスは見て、幕府と薩摩藩の関係が怪しくなりつつある現状のなかで、イギリスと薩摩藩は接近するのである。

その接近は、二つの具体的な形として出現した。それは第一に、1865（慶応元）年に薩摩藩が15名の留学生をイギリスに派遣する行事に、イギリスは深く関与する。長崎にいた五代とイギリス人のグラバーが、これの企画と実行に大いに貢献するし、受け入れ側のイギリスもこの派遣に対して積極的に応対したのである。これについては、この章で詳しく論じる。

第二に、イギリス公使として日本に赴任していたハリー・パークスを薩摩藩は鹿児島まで招待して、彼の薩摩藩の視察を助け、かつ対話に励んだ。薩摩藩とイギリスの貿易拡大についても交渉を行ったのである。1866（慶応2）年7月のことであった。


ここで一人のイギリス人外交官であるアーネスト・サトウを紹介せねばならない。この人は若い年齢（18歳頃）のとき、1862年に日本に来てイギリス公使館付きの通訳として働いてから頭角を現し、その後、書記官、パークス公使の秘書、1883（明治16）年にイギリスに戻ってからは諸外国での外交官生活を送った。そして、駐在イギリス特命全権公使として日本に滞在した人である。

合計で四半世紀ほども日本に滞在した日本通のイギリス外交官であり、著作もサトウ（1960）以外に日本語ができるだけに、日本に関するものがかなりの数、存在する。ところで彼はサトウという名前から、日本人と関係あるのではと想像されるが、れっきとしたイギリス人である。

サトウはパークス公使の秘書を務めたので、パークスの薩摩藩訪問に先立つ薩摩行きなどの旅行の実態がサトウ（1960）に詳しく記されている。薩摩藩から大歓迎を受けたことがよくわかる。

興味ある叙述は、薩英戦争の中身や薩英交渉の現状を、イギリス側から見た姿として書かれている点にある。薩英戦争によって、一時は険悪だった薩摩とイギリスだがその後、良好になっていく姿がよくわかる。しかしそこでは、薩英戦争で登場した五代友厚に関しての記述はさほどない。外交官となった寺島に関する記述が多いが、これは寺島とサトウがともに外交官ということで、接触の機会が多かったからであろう。

藩に示した五代の「上申書」

ここで本書の主役、五代友厚に話題を戻そう。薩英戦争での不始末によってイギリス軍の捕虜となり、本国の薩摩藩で非藩人との汚名を着せられていた五代は、関東、そして長崎で半分隠れ身の生活を送っていた。しかし家老・小松帯刀の後押しと支持により、藩のために長崎で貿易商の仕事をしていたし、上海にも二度も行って見聞を広げていた。そのときに大いに付き合いがあったのは、すでに登場したイギリス人のトマス・グラバーであった。

薩摩藩の将来を危惧していた五代は、1864（元治元）年の5月頃に藩に対して「上申書」を提出する。

中国が列強の支配下にいる姿を見ていた五代は、日本は強い国にならないと中国みたいになると訴えたのである。これは藩主であった島津斉彬と同じ思いであった。鎖国をやめて開国して外国との貿易に励み、かつ経済を強くすることによって、富国になる必要性を書いたのである。そして同時に、強兵を持つことの必要性を説いた。のちの明治新政府は富国強兵、殖産興業の政策を採用するが、この政策を明治維新前の薩摩藩の一藩士が主張したのである。

具体的には、米の輸出によって外貨を稼ぎ、その資金によって砂糖、軍艦、兵器の輸入を図り、工場の設立によって機械や船舶の製造にあたるのが肝心とした。ビジネスに関心の強い五代の特質がここで読み取れる。

五代の「上申書」のもう一つの主張は、藩内から若者と中年の人を十数人選抜して、ヨーロッパ（イギリス中心）に派遣してそれらの国からいろいろなことを学ぶ機会を与えるべし、というものであった。なぜ、このような主張を五代がしたかを考察すれば、次のようになろうか。

第一に、薩英戦争においてイギリス軍の近代艦船と兵器の強さを、身をもって体験したので、ヨーロッパの工業、技術、学問を学ぶ必要があると感じた。

第二に、二人で捕虜になっていた松木弘安（寺島宗則）とはいつも一緒にいたので、すでに幕府派遣でヨーロッパ視察の経験がある松木から、ヨーロッパの進んだ技術、学問のことを詳しく聞いていた。

第三に、薩摩藩が軍艦や船舶を外国から購入するに際して、グラバー商会のトマス・グラバーの仲介を五代は受けていたのである。彼からもヨーロッパの知識を学んでいた。もっと重要なことは、藩がヨーロッパ、特にイギリスに留学生を派遣するに際して、具体的にどこに行き、誰のところで学べばよいか、どれだけの費用がかかるか、そして相手の受け入れ先との交渉の手順など、いろいろなことでグラバーの支援を得ることができそうであった。

第四に、これは筆者の解釈であるが、なぜ五代が薩摩藩からヨーロッパに留学生を送る策を提言したのかを考えると、当時の幕末の時代背景を知る必要がある。

世の中は、幕府と雄藩（薩摩、長州、肥前、土佐など）がヘゲモニーをめぐって紛争の時代に入っていた。代表的な事件では、攘夷思想による長州藩の欧米諸国との下関戦争や蛤御門の変などがあって、薩摩藩には自分が軍事力と経済で強くならないと、落ちぶれてしまうとの危機意識があった。

これを憂えた五代は、優秀な若者をヨーロッパに送って、藩の政治、経済を動かす人の養成の必要性を感じたのではないだろうか。のちの時代に薩摩藩は幕府を倒して、明治新政府の有力な勢力になるのであるが、五代の「上申書」が幕府の転覆まで想定していた、とは思えない。

むしろ薩摩藩において倒幕運動に走ったのは、西郷隆盛や大久保利通などの武闘派であり、五代や松木のようなビジネス派、学問派とはやや違いのあったことを理解しておきたい。五代や松木が薩英戦争のときに捕虜となって臆病者として藩内で批判を浴びたのも、その批判する人は武闘派であったと思われる。

第五に、では五代の「上申書」を承認し、イギリスへの留学生派遣を許可したのは誰であったかに関心が移る。武闘派は兵力の増強にもっとも関心が強かったろうし、五代や松木のビジネス派、学問派は案外少数派だったのかもしれない。

そこをまとめたのは家老の小松帯刀とされる。この人物は藩きっての逸物とされる男であり、武闘派と非武闘派をうまくまとめる能力に長じていて、薩摩藩を明治維新の達成に陰ながら大いに貢献した人物であった。

第六に、もう一つの根拠は、藩主・斉彬がすでに留学生派遣の思想を持っていたが、彼の死亡によってそれが実行されなかった歴史的経緯があり、名君の遺言をなんとか成就させたい、との考えが藩内に底流としてあったことを指摘しておきたい。

「薩摩藩開成所」から選ばれた英国留学生

五代は「上申書」において、外国に派遣する留学生はどのような人を選抜して送るべきか、細かい案まで藩に提示した。家柄、年齢、思想などが偏らないように、具体的にどのような役割をそれぞれの派遣生に期待するかも記した。

特に興味深いのは、13歳から31歳までの学生クラスだけの留学生でなく、ある程度の年齢を重ねた人で、しかも近い将来に藩の指導者・幹部になる人物まで派遣の必要があるとした点である。

それらのうち選考された人は、団長格の新納刑部《にいろぎょうぶ》（34歳）、松木弘安（寺島宗則、34歳）と五代友厚が含まれているので、五代は計画の段階から自分と、彼と縁の深い松木はメンバーに入ることを胸に秘めていたと思われる。これら3名と他2名は学業の習得・修業をする目的ではなく、外国の視察を目的としていたし、必要とあれば外国との商取引も行う所存であった。当然のことながら留学生の引率も兼ねていた。

一方の若手留学生は、主として「薩摩藩開成所」と称された洋学養成学校で学ぶ学生から選ばれた。この学校は藩校である造士館などから厳選された俊才が学ぶ組織であった。蘭語、英語の外国語から海陸軍学、兵法、航海術、天文学、地理学、数学、物理、化学、機械学などの洋学を学んでいた。こういう科目を学んだ学生がイギリス、フランスに渡って、もっと学識を深めることに期待の集まったことは、留学生派遣の主旨からして当然であった。

藩のエリート校、開成所には60名から70名の学生がいたが、学校の存在期間はほんの数年という命脈にすぎなかった。

五代の「上申書」には、1回目の派遣に次いで、2回目の計画まで記されていたが、2回目は実行されなかった。しかし小規模でも、アメリカ留学生の派遣は実行された。その理由は、時代が慶応に入ってから幕府と倒幕派の争いはますます激しくなり、薩摩藩が大規模の留学生派遣を存続できなくなったからである。

この闘争の激しい時代になれば、語学や自然科学などを学ぶよりも、海軍所や陸軍所といった学校で陸海軍での軍事教育をする必要があった。そこに才能豊かな人が集まるようになり、開成所は学問上のエリート性を急速に低下させたのである。

開成所はこうしてエリートの集まりであったが、ここで学ぶ学生の全員が開国派や開明派で、外国に学びに行くことに興味を覚えた、とはいえない。当然のことながら攘夷派もいたのである。

現に、派遣学生として選抜された人物のなかにも、行くべきか行かざるべきかで悩んだ学生が数名いた。なかには最終的に行くことを拒絶した人も２名ほど存在して、急遽入れ替わりの人が行くことになった歴史がある。

近代国家イギリスで目にしたもの

五代の「上申書」によって計画が始まり、家老の小松帯刀などの支援によって、藩の行事としてイギリスへの留学生派遣が実行されることとなった。ところで、費用がかかり、かつ未知の国にどうして行けるようになったのか、関心が持たれる。

第一は、資金の調達である。これは犬塚（1974）、原口（2009）が明らかにしたように、藩内の豪商が資金の提供をした。薩摩藩は琉球における密貿易で巨万の富を得ていたのであり、そのなかでも指宿《いぶすき》の海商・浜崎太平次の存在が大きかった。藩の事業として行った綿花の外国取引においても、これら浜崎などの豪商の献金に依存した。

第二は、松木弘安（寺島宗則）以外は、外国での滞在経験がないし、外国の事情に疎く、かつ外国語にもそう強くない人が大半のところに、誰が留学相手先の選定・交渉や、船舶の手配などを行ったかといえば、それはすでに登場したイギリス人のトマス・グラバーだったのである。長崎で、貿易上のことで商売の交渉を行っていたグラバーと五代の二人は、このイギリス留学の実行役として積極的な役割を演じたのである。

団長格の新納刑部、副団長格の町田久成（民部）、寺島宗則、五代友厚と通訳の堀孝之の引率者5名と、14名の留学生で合計19名は、1865（元治2、慶応元）年1月に鹿児島を離れた。

一行は当時、外国行きが鎖国により公認されていなかったので変名を用いていた。航路に関しても、藩のなかにある甑島《こしきじま》に藩命で行くという目的にした。小型蒸気船を用いて、幕府の監視の眼を逃れるために、まずは串木野沖の羽島を経由してから、3月にイギリスの大型船に乗り換えて香港に向かうという用意周到な策を用いた。

薩摩を出てからロンドンまでの旅程はおよそ65日間であった。その間、一行がどういう生活や見聞をしていたかは犬塚（1974）に詳しい。ここではいくつかの興味深い点だけを記しておこう。

まずは香港に到着の前に、頭の髷《まげ》を落としたのである。直接には同乗していた外国人の水夫がもの珍しそうに笑う姿の原因が何かに関して、髷にあると知り、この侮辱から逃れるために断髪を決行したのである。同行していた松木（寺島）が、ヨーロッパにいたときの経験として、この髷姿が失笑を買った話をしていたので、使節団員は断髪によって姿だけでも、できるだけ西洋に近づこうとした。これは武士の誇りをも失わざるをえないことを意味したのである。

もう一つは、香港上陸の際に団員の服装を変えることになった点である。船中では着物姿でいたが、上陸して街中を歩くにはまた失笑を買うかもしれず、洋服と靴を買いあさって洋装して上陸した話題である。

こうして薩摩藩士たちは伝統的な頭髪と着物から離れて、姿だけは西洋紳士のようになることができた。果たして精神までそうなれるかは、のちに詳しく述べるように、個々の人の対応は異なるのであった。

さらに当時は、スエズ運河がまだ利用可能ではなかったので、船を下りて蒸気機関車に乗ってエジプトのカイロまで行かねばならなかった。鉄道という交通手段の存在を目にしたのは驚きであった。日本では馬か駕籠、そして徒歩しか陸上の交通手段がなかった時代であるから、汽車を初めて見たときの驚きは筆舌に絶するものがあったに違いない。

文化・風習の違いから薩摩の英国使節団はいろいろなところで西洋風に合わせねばならなかったが、もっとも驚愕し、かつ影響を受けたのは、ヨーロッパの経済・工業の進んだ現状に接したときであった。最初に到着したのは地中海に浮かぶマルタ島であったし、最終地のロンドンとイギリス各地で見たことである。なおマルタ島はヨーロッパ諸国が領有をめぐって争いをした末に、19世紀にイギリスの領地となったので、使節団の訪れたときはイギリス色が強く言葉も英語になっていた。

まずは石造りの4、5階建の建物が都市部を中心に並んでいる光景は、日本が木造建築の国だっただけに驚きであった。しかも教会は100メートルにも達する尖塔を持つ豪華な建造物であり、日本ではせいぜい木造の五重塔しかなく、建築技術の違いに圧倒された。さらにすでに述べた鉄道を筆頭に、各地にある工場を見学し、各種の工業製品が生産される経済の強さを体験したときの印象は強烈であった。

筆者のささやかな経験話を述べておこう。１９６９（昭和44）年に初めてアメリカ東海岸に行ったとき、もっとも驚いたのは水道の蛇口をひねったら、お湯の出てくることであった。写真や映画でアメリカの住居の広さ、高層建築やバカでかい自動車は見ていたのでさほど驚かなかったが、当時の日本ではまだ温水は出なかったので、ささいなことでも差を感じたのである。

なおもっとも驚いたのは、スラムに住む黒人の貧困ぶりを目の当たりにし、アメリカ格差社会の現実に接したときであった。将来の自身の学者としての生き方を決めるうえでも指針となった一つであった。

およそ1世紀半も前に日本からヨーロッパに渡った使節団の人々が、現地の文化と経済の発展を目の当たりにして、筆者が経験した以上の大きな落差を感じたのは確実である。

これは二つの方向でそれを示せる。一つは、五代や寺島のような開明派で象徴されるように、日本も開国して西洋の文化・文明技術、経済の形式を取り入れて、もっと富国政策を採用せねばならない、と強烈に思うようにならしめた。

もう一つは、団員のなかに攘夷派も少数いたが、こういう人に対しても、あまりにも経済力の落差がありすぎるのを見て、これを放置しておけば差はますます広がるかもしれない、と思わせた。これらの人々には、列強の強い経済を背景にした軍事力の強さによって、日本が植民地化されるかもしれない危惧を抱かせた。こういう人はのちに強兵策の支持にまわる可能性があった。

留学生のその後の活躍

長い旅を終えてロンドンに到着した一行は、それぞれに課せられた義務と仕事に取り組むこととなった。大きく分けて二つのグループがあった。第一は、年齢の若い留学生グループ、第二は、引率を兼ねた新納、寺島、五代などのシニアグループで、外交やビジネス商談の仕事をしたのである。

まず、若手がどのような留学生活を送ったかを記しておこう。ロンドンで語学研修を受けてから大半の学生は、ロンドン大学のユニバーシティ・カレッジの聴講生として勉学に励むこととなった。学生たちはカレッジの教授宅に分散して寄寓し、それぞれが文学、化学、軍事学、機械学などを専攻したのである。

大半はロンドンに残ったが、三人は他の地域に移動した。一人は磯永彦輔でスコットランドのアバディーンに移って現地の中学校に入学した。抜群の好成績の優等生であった彼はキリスト教信者となり、次に述べる説教師であるトマス・ハリスに共鳴して、他の五人とともにアメリカに渡るのである。彼は他の留学生以上に西洋文化になじんだ人であった。その後もアメリカに残ってブドウ酒の醸造家となり、カリフォルニアの十大醸造所の一つにまで成長させた事業家である。数奇な人生を送った人の一人であった。

トマス・ハリスという人は理想に燃えた人で、旧来のキリスト教の教えから離れて、共同体（コロニー）をつくって、そこで俗人的な生活ではないものを目指していた独特な人であった。具体的には、農耕とブドウ栽培などの肉体労働を行い、私有財産を認めないという共同体主義者であった。

この教えに賛同したか、あるいは日本に帰国したくなかったかは不明であるが、六名の留学生がイギリスからハリスのいるアメリカに渡ったのである。

すでに紹介した磯永の他に、森金之丞（有礼、初代文部大臣）もいた。森は薩摩留学生のなかでもっとも特異な人であるし、日本の教育制度の創始者の一人として重要人物なので、のちに詳しく論じる。なおハリスの共同体から離脱してラトガース大学で学んだ三名もいたが、森はハリスから離れることはなかった。

なお二人の留学生、田中静洲と中村宗見（博愛）はフランスに行ってそこで勉学に励んだ。そのうちの一人、中村は帰国後、フランス語の教師として藩の開成所で教えたが、外国語の知識を買われてのちに外交官となった。ヨーロッパ諸国の大使を務めたのである。

最後に、薩英戦争のときに相手軍の捕虜となって、隠遁生活を五代とともに送った松木弘安（寺島宗則）の行動である。彼は医師でありながら、しばらく前にヨーロッパに滞在した経験があるので、語学に強くかつ西欧事情にも明るく、使節団のなかでは外交官的な役割を果たした。

イギリス外務省の人々との交渉を持つことに成功し、目立つものではないがいろいろな外交成果を上げた。

ここで興味あることは、薩摩藩は名目上、雄藩でありながら地方政府であり、幕府が中央政府を代表しているのであるが、薩摩藩はあたかも日本を代表しているかのような顔をして、外交に取り組むことがあった。

有名な事件は、のちに述べる1867年の第2回パリ万国博において、日本からは幕府、薩摩、肥前の三つが代表団を送って出展したのであるが、どこが正式に日本を代表するか、あるいは出展すべきではないかをめぐって事前に三者の間でつばぜり合いがあった。まさに幕末の幕府対雄藩の代理戦争が見られたのである。これについてはのちに言及する。

松木の外交交渉の主たる相手は、当時のイギリスの下院議員であったローレンス・オリファントであった。彼は小説家、紀行家として名の知られた文化人であったが、若い頃に日本のイギリス公使館で書記官として働いた経験があり、日本通の親日家という人物になっていた。

特に、幕府が日英修好通商条約の締結交渉をしたとき、オリファントはイギリス側の書記官として交渉にあたったので、日英交渉には強い関心と見識を持っていた。同じイギリス人のトマス・グラバーがロンドンにいるオリファント宛に五代と会うよう勧めたのである。

松木はオリファントを通じて外務次官のレイヤードに面会することとなった。薩摩側の要求は、日英修好通商条約が幕府だけの独占貿易になっているとして、貿易権を朝廷に移すというものであった。朝廷に移せば、薩摩などの雄藩も積極的なイギリスとの貿易という目的を達成できるのである。これらのことは、幕府と雄藩の争いが貿易権をめぐっても垣間見えるのである。

当時の外務大臣のクラレンドンは、在江戸(東京)の意見を求めたりした。イギリスは当時、大英帝国主義政策を緩和して小英国主義の時代にいたので、幕府対雄藩の国内争いには関与しないとして、イギリスは松木の要求を拒絶した。

しかし日本国内では、幕府とフランスが接近しつつあったので、イギリスのパークス公使は薩摩を訪問して接近を図ることになった。松木に端を発して、オリファント、レイヤード、クラレンドンを通じての薩摩の交渉提起は、イギリスと薩摩の接近の端緒となったのであるから、イギリス滞在の頃からその外交能力を発揮しはじめたのである。

五代とモンブラン伯爵との合意書の締結

本書の主人公、五代友厚が薩摩藩英国使節団の一人として大きな仕事をしたので、ここでその詳細を記述しておこう。

それはフランス人を親に持ち、ベルギー住まいの貴族、シャルル・モンブラン（日本名は白山と称したのであるが、モンブランはフランス語で白い山を意味する）と、商売上の取引を行ったのである。

何をしたかといえば、五代がロンドン滞在中にモンブランが秘書の白川健次郎を伴って、会いに来たのである。このモンブランと白川の人となりについては、のちに詳しく紹介する。彼らが会いに来た理由は、ベルギーに来ないかという招待とともに、薩摩藩とビジネスの話をしたい、という希望を含んでいた。団長の新納、通訳の堀、そして五代の三名は、ベルギーのモンブラン伯爵の居城で大歓迎を受けるのであった。モンブランは日本にも滞在したことのある人で、日本との商売をしたいと希望しており、薩摩の一行はそれの交渉目標とされたのである。

薩摩使節団のシニアメンバーは、ロンドン以外のイギリス諸都市、諸国を視察しており、鋼鉄、機械、ビール、砂糖、製紙、鉄道などの各種製造工場を見学して、西欧諸国の進んだ工業技術に接していた。そのため、できればこういうことの商売ができる関係を持ちたいと願っていた。そこにモンブランからの商取引のオファーであり、日本での工場設立や商社設立を成功させて、西欧の進んだ工業技術を薩摩にも導入できる、と期待したところがあった。

モンブランの日本とビジネスをしたいという欲望と、五代らの希望が合致して、両者はモンブランと白川を署名人としたベルギー国、そして薩摩藩の新納と五代を署名人とした商社設立の合意をしたのである。

この合意書の締結には、ベルギー政府の代表も薩摩藩も必ずしも国家を代表しているのではないが、一応、条約のような顔はしている。しかし真にベルギー国を代表しているのか疑問が残る。そして現代のような国家間の条約とはみなせないかもしれない。実質的にはモンブランと薩摩藩の合意事項とみなしたほうが無難である。

具体的には、八木（2020）に記された条約の第一か条を引用しておこう。これは、五代らが西欧の工業技術を薩摩に導入したいと希望している姿が端的にわかるものである。

薩摩藩内に金、銅、鉄などの鉱山開発、各種工場の設立を図る、そしてヨーロッパの商品を輸入するときの業務を行う商社の設立、などが具体的に示された。これらに関して、モンブランが介入して世話をすることなどが決められた。

〔第一か条〕（なお詳しくは表2－1を参照されたい）

一　ヨーロッパ人と共同結社にして、薩摩の領域にある金・銅・鉄・錫《すず》・鉛等の山を開発して、あるいは種々の製作機械装置・鉄工および武器を製造し、又は紡

表2-1　モンブランとの商社契約における輸入品目

一、砂糖製法蒸気機関　五つ位
一、製糸蒸気機関
一、木綿紡織機関
一、麻及真綿紡績機関
一、修船機関
一、蝋製法機関
一、日本国中の物産何品を論ぜず貿易に有益なる諸品を買円《まと》め商社中へ
　相渡し、損益は分明の算面利分すべし。
右七ヶ条はもっとも要用有益ある件として、拙者共帰朝の上は速に使節
差立、商社盟誓可致《いたすべく》候。
一、動物園（人口の多い大坂用）
一、川堀蒸気機関（大坂の川堀浚渫用）
一、蒸汽飛脚船大型外車（九州・四国・中国より大坂への往来用）一艘
一、大坂より京師までの蒸汽車及び「テレガラフ」（電信）
右四ヶ条は我朝形勢次第、成るべく速やかに相開き申したく候。
一、造幣局　一、小銃製作局　一、大砲製作局
一、米搗機関　一、鋸機関　一、プランデ製局
右六ヶ条来年より先き成るべく速やかに相開きたく候。
一、鉄製局　一、金山　一、銀山
一、錫山　一、石灰山　一、鉛山
右六ヶ条、商社盟誓の上、土質学の達人を相雇ひ、国中普《あまね》く点検して、
其場所に応じて士当の業を相開くべく候。

出典：八木（2020）。

綿・茶・蠟・煙草等を製造する諸機械装置を組み立て、有益なヨーロッパの産物を輸入し、国を富ますのに必要な機械装置を開発する商社を設立するがために、モンブランは盟約してこの事業を支援し、それによって得られる利益は明確な計算によって分配することとする。

最後に、この五代とモンブランの間で締結された合意書は、その後ほとんど実行されなかった。それはすぐに幕府と雄藩の間で戦争という大混乱が起きて、明治新政府の時代になったからである。

しかし強調すべきことは、この条約の中身のかなりを五代が大阪で事業を興すようになったときの基本方針としたという意味で、価値の高い内容を含んでいたのである。

モンブランという奇怪な人物の行動

モンブランは、五代らと和親条約・商社契約を結んだり、第2回パリ万国博では日本から幕府、薩摩、肥前の三つが出展を企画するという騒動が発生したとき、薩摩藩方に組して、三つが同時に出展するという案を成功させた。

とても重要な人物であるが、評価も錯綜している。たとえば山師のような神出鬼没な人物で、自分の利益しか追求しないとされた一方で、日本あるいは薩摩にとっては掛け替えのない人物であった、とされる。

ここで彼を詳しく検討しておこう。なお文献としては、モンブラン(2000)と鹿島(2009)を参照した。ただし鹿島茂の本は小説で、脚色もあり、とても興味深いところはあるが、伝記ではないので注意を払いながら参照した。

モンブランはベルギーで生まれ育ったが、フランス語を話す貴族でもあったので、自分はフランス人であると常に宣言していた。もともとはフランス貴族の出身であったし、ベルギーよりもフランスが強国なので、そう称するほうが、都合が良かったのである。若いときにパリに出てきて、ナポレオン三世の下のフランスで出世を望む行動に出たが、うまくいかなかった。

転機は、フランス文部省の資金を得て日本の歴史や地理を勉強する機会が与えられ、日本を訪れたことにある。日仏修好通商条約が締結されようとした時期で、日本のことをよく知る人への需要がフランスで強かったことが彼に幸いした。外交官特権のような身分が与えられ、モンブランは日本に関する知識を蓄えるとともに、縦横無尽の活躍ができたのである。

薩摩を訪れたとき斎藤健次郎（白川健次郎）に出会い、秘書として彼を雇って常にモンブランの傍らにいるようにした。鹿島（2009）によるとモンブランには稚児《ちご》好みがあったので白川を秘書にしたとされる。白川もモンブランと同様に山師のような奇怪な言動をするので、信頼できない人物として、日本人からは警戒されるようになった。

日本にいたモンブランは当時、幕府がフランスと緊密な関係を保つことになるように、幕府との交渉に明け暮れた。これは日本に対して影響を持ちたい英仏の争いのなかでのことである。フランスが幕府に対して軍事援助を行うことができるように、幕臣の人々との交渉を行っていた。薩長などの雄藩が力を持ちはじめていた頃であり、英仏対幕府・雄藩の覇権争いのなかでのモンブランの暗躍であった。

フランスと幕府、そして間に入るモンブランの三者はとても良い関係にあったが、その象徴が幕府の池田筑後守長発《ながおき》を団長とするパリ派遣であった。1863（文久3）年12月にフランスの軍艦に乗り込んで横浜を出港した。ところがフランスは在日公使のベルクールを解任して、新公使として有名なレオン・ロッシュが任命されるところとなった。ロッシュだと、池田長発とモンブランの取り決めを破棄するかもしれない可能性が生まれた。現実にはロッシュもベルクールを引き継いで、幕府支援の政策を採用した。

そこでモンブランは急遽パリに戻って、池田使節団に取り入って、当初の計画を実行するべく運動を始めたのである。

すなわち幕府は、武力でもって強くなりつつある薩長を抑えるべきであり、そのためにはフランスは幕府への武力援助を行う、と池田使節団に告げたのである。モンブランがどこまでナポレオン三世の意向を代弁していたかはわからないが、これが1865（慶応元）年のパリでの状況であった。しかしモンブランは、理由は定かではないが池田長発からパリでは冷たくあしらわれたのである。

ここに至って、第2回パリ万国博（1867年）の準備期間の到来である。五代らがロンドンにいたとき、ベルギーで五代とモンブランが会って商社設立の合意をしていたことは述べたが、そのときモンブランは薩摩藩に万国博での出品を熱心に勧誘したのである。

その交渉をすべく新納、五代は1865年の秋にパリを訪れることとなった。新納は病気がちだったので、全権は五代に任されていた。なぜ、モンブランが幕府から離れて薩摩に肩入れするようになったかは、日本の情勢を見ていると幕府の力がますます弱っており、薩長の時代になりそうな雰囲気を感じ取っていたからである。策士のモンブランならではの読みの深さである。

一方、ナポレオン三世のフランスは、幕府をまだ日本を代表する国家とみなしていたし、できるだけ幕府を支援しようとしていたので、幕府に出品を勧誘していた。ところが幕府はあいまいな回答しかしていなかったので、モンブランは薩摩藩に対して強烈に勧誘したのである。五代はこれを受け入れ、出品を受諾した。

そうこうしているなかで、幕府も出品を受け入れたが、地方政府の一つにすぎない薩摩藩と同じく出品するのを幕府側は拒否し、単独の出品を主張した。フランス側は困って幕府と薩摩藩の共同出品を提案したが、今度は五代がそれを拒絶した。モンブランはここでも暗躍して、新聞などで薩摩藩の実力を紹介したりして、薩摩への肩入れをしたのである。モンブランは薩摩藩に対して、ナポレオン三世への勲章の授与を進言し、現に薩摩藩はそれを行った結果、フランスの心証を良くして、薩摩藩に好意的になったという有名な逸話が残されている。

結局、幕府も折れ、それぞれが独自に出品するという妥協案で結着した。ここに肥前藩も個別に出品することとなった。薩摩藩は家老の岩下方平《みちひら》（左次右衛門）を団長にして、それぞれがパリ万博に参加するため使節団をパリに送ることになったのである。

幕府と薩摩藩の出品をめぐるつばぜり合いのなかで、モンブランは薩摩のために奔走したので、薩摩の人々は彼に感謝して好意を抱いたに違いないと思われるが、実際は必ずしもそうではなかった。

なぜ、モンブランが薩摩藩に肩入れしたかといえば、五代と商社契約をしたように薩摩藩と商売上の取引を活発にしたいとの希望があったことは当然であった。すでに述べたように、当時、幕府とフランスは蜜月関係になろうとしていたところに、なぜか、モンブランが幕府の池田使節団から冷たくあしらわれたことも響いた。

もう一つの理由がある。中村宗見や田中静洲という薩摩藩留学生のなかでもフランスで学んでいた二人を筆頭に、そしてイギリスにいた留学生まで含めてモンブランを不信に思う人はかなりいたので、藩の人々にそのことを手紙で知らせていた。

さらに、モンブランと交渉した、岩下方平を団長とした薩摩藩からパリの万博に派遣されてきた人々は、モンブランという個人を嫌っていた事情を無視できない。鹿島（2009）の書物のあちらこちらにモンブランという人物のアクの強さ、山師的な振る舞いをするし、目的のためには手段を選ばない行動をする人であるような記述がある。こうしてモンブランの個性の強さを嫌う人が結構いたのである。

実は、このことが、モンブランと五代の間でベルギーにおいて締結された合意書が、のちになって実現されることのなかった遠因になっていることを強調しておきたい。

当然のことながら、これらの契約が、五代らが帰国後に批准・実行されようとする時期は、幕府と雄藩が戊辰戦争という内戦に至る前の政治と経済の混乱期に入ろうとしていたので、貿易などの商取引どころではなかった点もとても重要である。

これに関して述べれば、五代がモンブランと合意した事実は、薩摩藩からすれば二人の独走によって成立した合意のように見た人もいるかもしれない。

五代は松木（寺島）とともに薩英戦争でイギリス側の捕虜になり、その後しばらく雲隠れ生活をしたこともあった記憶が関係者にはある。そこは家老の小松帯刀などの助けによって復活を果たし、薩摩藩の英国留学生派遣を実現させた人物として表舞台にふたたび登場できた五代であったが、藩内ではこの薩英戦争における五代と松木の行動への不信感を抱き続けた人がいて、モンブランと五代の合意事項を好ましく思わなかったのであろう。

最後に、当時の日本の政治・外交問題から評価すると次の点も忘れてはならない。幕末の終了期、フランスは幕府に接近していろいろな軍事上のアドバイスを行うようになっていて、幕府とフランスは良好な関係を築いていた。イギリスはこの現状を見ていて優位な立場を失うかもしれないと恐れて、反幕府の色彩を濃くしつつある薩摩や長州の雄藩に接近を図ろうとした。

長崎にいるグラバーや江戸（東京）にいるパークス公使の働きかけもあって、薩摩藩とイギリスは急接近の途中にあった。具体的には、フランス人のモンブランと薩摩藩の五代・新納との間で交わされた和親条約と商社契約を藩としてどう実現するか、あるいはどう実現させせないかをめぐって、藩内でいろいろな動きのあったことが詳細に報告されている。

その詳細にまで踏み込まないが、結論は、この合意書を実行しないというものであった。なぜ、このような結論に至ったかは、これまでも本書で述べてきた理由が重なり合ったからであった。

合意書は実行されなかったが

ここで、モンブランがどういう行動を取ったかを一言述べておこう。五代、新納とベルギーで和親条約・商社契約を結んだ結果、そしてパリの万博では薩摩藩が幕府の反対を押し切って出品できた功績のあったモンブランは、五代らが日本に帰ってからもこの合意書が薩摩藩で実行されていない現実に苛立っていた。

モンブランは、この苛立ちを解消する目的で、1867（慶応3）年の10月に、薩摩藩のパリ万博使節団一行（岩下方平団長）とともに日本に来ることとなった。

藩内では、五代・モンブラン合意を反故にする雰囲気が強くなっていた時期なので、モンブランの来藩は歓迎されざる事柄となっていた。肝心の五代も藩内の動きを察してか、モンブランが藩に来ることに困った感情を持ちつつあった。

薩摩藩は親英論に傾きつつあった頃でもあり、藩がモンブランというフランス人との合意書を実行するのは不可能と察した五代は、責任を取るべく帰国後に辞職（御用人席外国掛）を願い出る立場になっていた。

結局、この願いは受け入れられなかったが、モンブランと五代は明治維新直前の薩摩藩では好まれざる人物になっていたのである。ただし明治維新になってからの二人は、五代・モンブラン間の合意書は実行されなかったにもかかわらず、もう一度活躍の場が与えられるようになることはのちに言及する。

このように、モンブランと五代の合意書は実行されずに終了したのを評価して、たとえば宮本（1981）は、「五代の商社設立案は失敗だったので彼のミスであった」と結論づけている。田付（2018）も「五代の責任は大きかった」と否定的に評価している。一方で、八木（2020）は五代に好意的な見方をしていて、計画は実現しなかったけれど、「合意の中で薩摩藩、あるいは日本が今後産業を発展させて、強い国になる姿を画いていた」として、一定の評価を下している。現に、のちに述べるように、五代は民間経済人となって大阪を本拠にして産業と経済の発展に寄与したのであるから、彼の想いを達成しているのである。

ここで筆者の評価を述べておこう。モンブランと五代との合意書を細かく検討すると、確かに実現不可能な計画まで入っている。ここにその代表例として、大阪から京都までの鉄道と電信の敷設にあたる、という項目があるが、とても薩摩藩のできる仕事ではない。京阪地区と薩摩は距離として遠いからである。

しかしながら、薩摩藩ないし日本の産業を強くするには、どのような産業（たとえば鉱業、蒸気機関、製糸・紡績、造船、軍事製品など）を振興する必要があるかを説いていることがわかる。それと輸出・輸入といった貿易の仕事に携わることになる商社の必要性も説いている。

これらは、のちに五代が民間経済人となって自分で企業を経営することになる産業につながっている。換言すれば、民間経済人として何をすべきかの構想が、モンブランとの合意書のなかに含まれていたのである。

確かに、条約や契約は実現されてのみ成功と評価されるものなので、宮本又次と田付茉莉子の判定に間違いはない。しかし、五代とモンブランとの合意書は幕末という大激動の時代のなかで実現を期待されたものなので、たとえ失敗したとしても、その構想には見るべきものがある、とある程度の評価をしておきたい。

薩摩の英国使節団を総合的に評価する

五代友厚の「上申書」によって成立した英国使節団の総合評価をしておこう。

使節団は二つのグループに分かれており、若者グループは西欧で学ぶことに専念し、五代の属したシニアグループは若者の監督と、西欧での視察と交渉（代表例としては、すでに論じたモンブランとの合意書）などが主たる目的であった。

前者のグループでは、何名かの人を取り上げて英国滞在後にどのような人生を送ったかを紹介した。代表例は、アメリカのブドウ王となった磯永彦輔、フランスで学んで外交官となった中村宗見、同じく朝倉盛明（技術者として五代と一緒に働く人であり、のちに登場する）、外交官となった吉田清成などであるが、傑物は森有礼である。初代文部大臣として日本の教育制度の根幹をつくった人であった。

第二のシニアグループでは、代表は松木弘安（寺島宗則、のちの外務大臣）と新納刑部である。この二人は本文でも頻繁に登場したので、ここでは再述しない。

若者グループの多くは留学成果を生かして、外交官、教育者（博物館館長や開成校、のちの東京大学の校長を含む）、経済人として社会に貢献したが、二、三名は行方不明になった人もいた。シニアグループはその後、五代と寺島のように際立った活躍をした。

こう述べてくると、五代の「上申書」によって派遣された薩摩の英国使節団は総じて成功であったと評価できる。この成功の秘密の一つは、欧米で学んだ効果も当然あったが、うまく学ぶことができそうな能力ある人の選抜にあると判断している。

【コラム①】教育制度の基礎をつくった森有礼

薩摩藩の英国留学生のうち、もっとも有名なのは森有礼であろう。

明治時代に伊藤博文内閣の下で初代の文部大臣となり、日本の教育制度の基礎をつくった人であった。また、五代の葬儀において弔辞を読み、彼の死後の財務、家族のことに大きく関与した。両人の現役の頃の接点は、職業と住む場所の違いからそうなかったが、心は深く結ばれていた。

イギリス滞在後は、説教師トマス・ハリスに従ってアメリカに渡った。数年の滞米後に森は、ハリスの勧めに従い日本に帰る他の旧薩摩藩士のように徴士外国官権《ごんの》判事（権は副の意味）に任ぜられ、外交官生活に入る。のちに述べる廃刀令を主張して批判を浴び、一時帰藩するが呼び戻されてアメリカ行きを命じられた。

ワシントンＤＣでは、代理公使として不平等条約の是正に奔走し、岩倉具視使節団の片腕となって是正の交渉に努めるが、成功せずに悲哀を味わった。使節団には伊藤博文もいたので、彼と知り合いになったことは大きかった。

なお森は、ワシントン滞在中に岩倉使節団とともにアメリカに来た津田梅子、山川捨松などの女子留学生の父親代わりとして世話をしたのである。ワシントン滞在中に森の行ったもう一つの仕事は、日本の教育制度を確立するための資料をつくるため、アメリカをはじめヨーロッパの教育制度を勉強することだった。

その後、外交官として清国そしてふたたびイギリスに滞在することによって、ますます外国の事情に精通することとなる。

森は次の二つのことを学んだ。一つは、欧米列強国の進んだ文明と技術に追いつくためには、日本人の教育水準を上げて有能な人材を数多く生まねばならない。二つ目は、清国に滞在しているときに、中国が欧米列強諸国の食い物にされつつあることを知り、日本も国力を増強しないと、中国のように植民地化される恐れがあると感じた。

有名なことであるが、森は欧米の文明・学問・技術を学んで自己のものにするのにもっとも手っ取り早い方法として、日本語を排して日本の国語を英語にせよ、という極端なことまで主張したことがあった。筆者のみならず、多くの人は「西洋かぶれ」の極みとしか映らないが、一方で、森の日本に対する危機意識、すなわちこのままだと日本は経済発展から取り残されて、下手をすれば清国のようになるかもしれない、という切迫感はよくわかる。

ここで森の主張、「廃刀論」を述べておこう。江戸時代の士農工商という身分社会にあっては、武士は支配階級だったので、明治維新以降でも「士族」としてそれなりの高い身分を保持していた。森有礼が「廃刀論」を新政府に建議したのは1869（明治2）年であった。日本が近代化するには、制度の変革だけに頼るのではダメで、士族が自分から変革せねばならないということであった。

しかし、身分社会がまだ消え去ったわけではない明治の初期において、帯刀することは士族の身分を象徴することでもあるし、これまで多くの武士が刀を持つことに誇りを感じていたので、簡単に「廃刀論」に賛成する雰囲気はなかった。むしろ「廃刀論」は上層部を中心にして国民的な非難を浴びることとなり、森は生命すら危険にさらされ、ついに「廃刀令」の建議を引き下げる。

しかし、森有礼の「廃刀論」は紛争発生の7年後の1876（明治9）年に、軍人、警察官、官吏の制服着用の場合を除いた「廃刀令」が公布されたので、公認されたのである。社会の雰囲気を十分に読み切れていなかった森有礼の性急な「廃刀論」であったが、のちになって彼の説が受け入れられたのであるから、全面敗北ではなかった。

明六社のことにも言及しておこう。アメリカから帰国後に学者を集めて、国民への教養普及と近代化路線の宣伝を始めようとした。それが明六社である。

東京大学の前身である蕃書調所や開成所の出身者、ないしそこの教師である加藤弘之（東大総理）、津田真道、西周《あまね》などの西洋学派、民間にいた福沢諭吉、中村正直、西村茂樹などの思想家、教育家といった知識人の集まりの場所である。

この明六社は定期的に会合を持って、外への啓蒙活動も積極的に行った。機関誌である「明六雑誌」はわずか二年間の発行期間にすぎなかったが、啓蒙雑誌として政治、法律、財政、社会、哲学、歴史、教育などの非常に幅広い分野を主題とする論文を掲載し、影響力は強かった。

『明六雑誌』における森有礼のいくつかの論文のうち、筆者から見て影響が大きく、かつ現代にも通じる論点と判断する二つを述べておこう。

第一は、「学者職分論の評」で主張された、のちに福沢諭吉との論争の種にもなる学問や学者の役割についてである。

福沢は私学の慶應義塾の創設者らしく、学者は在野において研究・教育に従事すべきで、政府や役所のなかに入って政策の立案や指導にあたるべきではないと主張していた。だが森有礼は、国家に貢献する学者の役割を説いている。のちに文部大臣になって「帝国大学令」を発して、国家の指導者となるべき人を養成する東京大学の役割を明確にした森の立場が鮮明である。

官学と私学の違いが森有礼と福沢諭吉の違いとして明らかであるが、二人が共通のことを主張していることを是非述べておきたい。それは、森は国の経済発展に寄与するような人物を育てる教育が重要と考えており、特にそれに役立つ商業学校の大切さを認識していた。すなわち実業家・経済人の養成が不可欠と考えていた。その考えは1868（明治元）年にアメリカから帰朝後、森が「商法講習所」をつくろうとしたことで示される。福沢諭吉においても慶應義塾では「実学」を尊重し、実業界で役立つ学問を重視していた。

森有礼と福沢諭吉は学者の役割に関して好対照の思想を持っていたが、教育に関する考え方は似ていた。すなわち、経済の発展に寄与する人物の育成、ということに教育の役割があるとみなしていたし、経済・商業を重視した点で共通している。

森有礼のもう一つの主張は、有名な「妻妾論《めかけ》」である。当時の日本では権力とお金のある男性を中心に妾を持っていたし、妻と妾が同じ家に住むなどという異様なことも珍しくなかった。

森は欧米における一夫一妻制の結婚を念頭において、夫婦は対等であるべきとの主張を展開した。現代からすれば森の主張は当然のことをいったにすぎない。当時としては「廃刀論」に匹敵するほどの過激なものだったが、女性が男性よりも一段低く扱われた時代だったので、森の主張には画期的な意義があった。さらに、女性の役割として「良妻賢母」の型を理想とすることも、のちになって主張することを付け加えておこう。しかし現代のように女性も働くべし、とまではいっていないので限界はあった。

森は1885（明治18）年の12月に、伊藤博文内閣の下で初代文部大臣に就任する。彼の教育制度を充実させる思想を実践すべく、「帝国大学令」「師範学校令」「小学校令」「中学校令」などを次々に発令して、現代の教育制度の基礎となる学校制度を創設し、歴史に名を残す人になったのである。

それぞれが小学校、中学校、大学というように、学校制度が定着する方向を定めた。そのすべてがとても好ましい制度の導入ではあったが、筆者がもっとも評価して好むのは師範学校の創設である。優秀な小学校の先生を養成するために学費を無料にして、貧乏で中等教育に進学できなかった優秀な子弟が、師範学校で学べる制度を導入したのである。良い教育の実行には良い教師の確保、という目的を達成した森の功績は大きい。

「西洋かぶれ」あるいは「超合理主義者」のレッテルを貼られがちであった森は、1889（明治22）年の2月11日、国粋主義者の刺客に襲われて死亡した。当時としては命を狙われるほど過激な思想を主張したが、筆者の好きな偉人の一人である。

第3章　幕末から明治期

——役人・民間経済人として

幕末の長崎で藩の仕事に従事する

1865（慶応元）年3月から66（慶応2）年2月まで、五代はロンドンを中心に薩摩藩派遣団としてイギリスを中心に西欧に滞在したが、帰国後は主として長崎で藩の仕事に従事した。御用人席外国掛という職で、外国貿易という商業活動を行った。いろいろな藩に武器や種々の商品を売り込んだり、「開聞丸」という船の船長として直接の商業貿易の指揮も取った。そこではグラバー商会の介入があったから実行されたことはすでに述べた。

京都や江戸では、この頃から幕府と雄藩との対立が深刻となっていたが、フランスと幕府の蜜月関係が明らかになると、イギリス人グラバーは倒幕派になり、雄藩に軍艦や小銃・大砲などを売る兵器トレーダーになっていた。イギリスと薩摩藩が親密になったのもこの頃である。

象徴的な事業は、長崎に船舶の修理工場（修船場と称された）の建設をグラバー商会と薩摩藩の間で行い、1968（慶応4、明治元）年に成功させたことにある。

これは小菅ドックとも呼ばれ、12月に操業を始めた。

それ以前にも、鹿児島においてイギリスの紡績会社であるプラット社を五代がイギリス滞在中に訪問して、紡績機械の購入と技術の導入の合意を成功させ、1867（慶応3）年の5月に日本で最初の紡績工場を完成させたのである。製造は鹿児島であったが、販売は大阪でというやや特異な商工分離の事業であり、のちに五代が大阪で事業・商売を始める礎にもなった。

このようにして五代は、薩摩藩における有力な商業、工業の実践者、指導者として活躍するようになり、経済人として優れた能力、実力を備えた人物として名を上げたのである。繰り返すが、商売上はグラバー商会を通じてのことが多かったので、五代の経済人としての成功はグラバーの存在を無視しては語れない。

当時の幕末期の政治情勢では、大政奉還、王政復古、戊辰戦争を経験する大激動の時代であり、薩摩藩を代表して幕府軍と戦ったのは西郷隆盛、大久保利通、小松帯刀などの軍人、家老であった。五代友厚はこれに直接関与することはなかった、と理解したほうが望ましい。

明治新政府の樹立は西郷、大久保、小松などの軍人政治家の功績に帰するべきであって、経済人・五代友厚は武器や軍艦の購入という仕事を通じて、薩摩藩に間接的に貢献したのであった。

上海、長崎から鹿児島、関西における五代とモンブラン

いよいよ明治維新が1868（慶応4、明治元）年の初頭に訪れるが、五代がこの時代にどういう仕事をするかを語る前に、1867（慶応3）年に五代とモンブランの間で何が起こったかを簡単にレビューしておこう。

パリ万博においてモンブランの暗躍により、薩摩藩は幕府とは独立に出品できたが、肝心の五代とモンブランの間で締結された条約・契約は、薩摩藩の乗り気の欠如でなかなか実行されそうになかった。これに苛立ったモンブランは、薩摩藩のパリ万博出展の使節団の帰国船に乗船して、日本にやって来ることになったことはすでに述べた。

今や歓迎されざる人物になっていたモンブランと、重要な仕事をした使節団を出

迎えるため、五代はわざわざ上海にまで行くことにした。五代の思惑は、上海でモンブランに会って合意書の実行を諦めさせようと計画したことにあった。

上海での五代とモンブランの行動が、鹿島（2009）に小説として記述されている。岩下使節団とモンブラン一行は、のちに五代が生野で銀の鉱山開発をしたときに技術者として一緒に働くことになる、ジャン・コワニエを伴っていた。他に士官、職工などの数人と、パリ万博で茶店を開いたときにサービス役を務めた芸者がいた。

五代はモンブランに対して、契約を実行できない旨を上海で告げようとしたが、モンブランの駆け引きが巧妙で、それができなかった。

どのようなことがあったかといえば、もし薩摩藩が実行できないのなら、この合意書を幕府に投げてよいか、すなわち幕府の経済力が薩摩藩より強くなってもよいか、という半分は脅しにかかった。さらに契約を破棄したら違約金が巨額になる可能性をも示唆したのである。ビジネス交渉の巧みさを誇る怪人・モンブランの人物像がよくわかる。

もう一つは、これは鹿島（2009）の小説に書かれていることであるが、幕府のパリ万博出品の際に、茶店で働いていた魅力に満ちた芸者の「お政」をモンブランが利用して、五代との情事の相手にあてがうという、色仕掛けまで用いたのである。小説なので真偽は不明であるが、女性をビジネスの手段として用いるモンブランの妖人ぶりが面目躍如である。

上海から長崎に戻り、長崎から鹿児島に行ったモンブランは藩主の島津忠義に謁見するが、薩摩藩はモンブランに良い返答はしなかった。合意書を実行しないという策を変更する気はなく、むしろ彼に対する反感が藩内で強くなった。薩摩藩はモンブランの身の安全を案じて、指宿に隠れ家を用意するほどであった。

ここでモンブランに幸運が訪れた。彼は数か月前にパリで刊行した『日本の現状』という自著を白川健次郎に翻訳させて、日本の有力者に配布していた。自著の主旨は、日本にはミカド（天皇）という絶対君主が象徴として存在した歴史があり、ミカドを日本の権力者としてトップに据えれば、国はうまく収まると主張していたのである。

この書を読んで感激した大久保利通が、秘かにモンブランの隠れ家を訪れたのである。この案を薩摩藩が天皇親政を錦の御旗にして、倒幕運動を行う際の手段、あるいは目的として用いるとしたのである。ここでモンブランは薩摩藩の顧問格の身分になることができた。

こうして雄藩の薩長を中心にして倒幕のクーデター計画がスタートするのであるが、モンブランはナポレオン三世が当初は共和政だった体制を、第二帝政にするときのクーデターの手法を念頭におきながら、薩摩藩にいろいろな方策上のアドバイスをしたのである。その後の倒幕と明治維新の進行は皆の知るところなので、これ以上は言及しない。

モンブランにとっては、こうなればベルギーでの合意書はもうどうでもよいものとなった。薩摩藩の政治顧問となって生きる道を選択するのである。明治新政府が誕生したときにも、政府の中枢は薩摩藩の人々が主たる地位を占めたので、モンブランは新政府の顧問となり特に外交問題に関係することとなった。五代も大阪で徴士参与外国事務掛として新政府の外交の仕事に従事したので、五代とモンブランは種々の交渉の場を同じくするのであった。

1869（明治2）年の11月に、モンブランは在フランスの日本総領事としてパリに赴任する。西洋人の顔をしていたが、心はどこまでも日本人であると宣言しており、不思議な人のパリ着任であった。しかし、モンブランの総領事としての職は長くはなく、職を辞した後は1894年の61歳までパリで日本文化の研究者として生きたのである。

新政府に仕えた大阪での外交官吏の仕事

明治新政府の大阪外国事務参与に1868（慶応4）年の1月になった五代は、外交官吏になったと理解してよい。これまでは薩摩藩に仕えていたが、これからは新政府に仕えることになったのである。まだ官吏登用試験制度は導入されていなかったので、新政府の高級官僚には、それこそ雄藩出身の旧藩士が就くのがほとんどであった。

外国事務（今でいう外務省）の総監（総裁）には、皇族の山階宮晃親王などが就任し、大阪外国掛の総裁には前宇和島藩主の伊達宗城が就いた。五代は寺島宗則と町田久成（民部、のちに帝国博物館の初代館長となる）とともに伊達に仕えた。

　三人ともに薩摩藩の英国使節団として同僚であったし、外国との交渉にも慣れていたので、順当な人事であった。しかし、明治初期の高級官吏は雄藩の旧藩士が占めるという、第三者から見ると不公平な人事（すなわちコネ人事）の典型であると評価されても仕方がなかった。

　現代からすると、なぜ大阪に外交事務所が設けられたのか不思議に思う人もいるかもしれないが、幕末と明治初期には諸外国の領事館が神戸や大阪にあったし、つい先日まで天皇が京都にいたので、政治・外交の取引が京都、大阪、神戸でもなされたからである。なお五代の正式な役職は外国事務局判事という名称で、大阪が主たる職場であった。大阪で五代が職を得、かつ住居を構えた意義はとても大きかった。外交官を辞してから次に大阪で民間経済人になる契機になったからである。

　五代が大阪で、この職に就いてからの当面の業務は、幕府の終末期と明治初期の大阪、兵庫の地域がとても治安が悪く、薩摩藩にはこの地域の外国人の安全を守るという警備の義務があった。外国人を拒絶する思想を持った人が結構いて、外国人を襲った日本人の処罰をするのがおもな仕事であった。

特に有名な事件は、1868（慶応4）年1月11日の神戸事件、2月15日の大阪での堺事件、2月30日の京都におけるイギリス公使・パークス襲撃事件である。

いずれも外国人に対して悪感情を抱く日本人が、外国人を斬りつけるという事件であった。なぜ、これらの事件が発生したのかというと、日本に来ていた外国人が、幕府が結んだ外国との不平等条約の下で、日本で勝手な振る舞いをしているように思っていたからである。一部の国粋的な日本人が、外国人を排斥する感情を抱いていたことが背後にあった。

神戸事件とは、備前藩の隊列が神戸三宮神社近くに来たとき、フランス人水兵がその前を横切ったので、備前藩士がその水兵に斬りつけて負傷させた事件である。薩摩藩とイギリスとの間で起きた「生麦事件」の発端によく似た事件であった。折しも兵庫開港祝いで欧米列強各国（イギリス、フランス、アメリカ）の艦船が神戸に集結しており、それら水兵と備前藩士の間で撃ち合いまで起きた。しかしこの撃ち合いに死傷者は出なかった。

イギリスやフランスが神戸や大阪に居住している自国民の保護策を徹底させるため、斬りつけた備前藩士の処刑（切腹）を要求すると、神戸の外国掛もそれを認めたのである。

このときに五代は、殺人ではないから切腹は重すぎる判定として助命を願い出たが、八木（2020）には、神戸の件は大阪の外国掛の仕事ではないとしてそれを無視した、と書かれている。当時はまだ、外国との不平等条約の下にあり、日本人が外国人に対して行った犯罪には厳罰が科せられたのである。

深刻だった堺事件

もっと深刻な事件は、神戸事件の直後に起きた堺事件である。これは明治の大作家・森鷗外によって『堺事件』として書かれているし、近年においても大岡昇平によって『堺港攘夷始末』として記されているほどの大事件であった。

もっとも信頼性の高い事件の記述は、日本側の資料『堺市史』、外国掛総裁・伊達宗城の『日記』、宮本（1981）、外国（フランス）側の資料・報告書などを丹念に精査している八木（2020）によってなされている。

この事件は、大阪の外国掛である五代の直接の担当なので、やや詳しく追っておこう。

フランス海軍の軍艦デュプレクスが堺港に入ったときのことである。その乗組員の水兵は上陸して港の測量を行ったり街中を見学したりした。ときには、フランス水兵は住民に乱暴を働いたとの報告もあったが、その真相は不明である。

堺の市民はフランスの水兵の上陸に驚いたし、警備にあたっていた土佐藩士たちも不意のフランス船の入港と上陸を阻止しようと、フランス人に軍艦に戻るよう告げたのである。不幸にして言語が通じず、フランス水兵は土佐藩の隊旗を奪った（この隊旗を奪う事件の真偽は不明との説あり）うえに逃亡したので、警備隊長はフランス人への発砲を命じた。これによりフランス水兵11名が殺害された事件である。事件の発端と事実はいろいろと問題はあるが、確実なのはフランス人11名が殺害されたことであった。

この事件に対して、フランス公使・ロッシュは五か条の要求を突きつけた。①隊長以下隊員の処刑、②土佐藩は15万ドルの補償、③外国事務掛の責任者の謝罪、④土佐藩主の謝罪、⑤土佐藩士の港での出入り禁止、などであった。

この五か条の要求が事件の発生（2月15日）から2月19日に出され、受諾の返事は2月22日なので、事件発生からおよそ1週間の内で決着したのであるから、迅速な処理がフランス側と外国事務掛の間でなされたのである。五代をはじめ同僚の寺島宗則、そして総裁の伊達宗城の動きと決定は素早かった。

隊長の箕浦猪之吉、西村左平次と隊員18名の合計20名は切腹の命を受けて、堺の妙国寺で2月23日に処刑されることとなった。切腹の方法は、従来の武士が切腹する方法で実行されたが、処刑の現場で思わぬことが発生した。それは最初に隊長が切腹した後、11名の処刑が終了したときに、フランス側は、それ以上の切腹を続ける必要はないと申し出たのである。フランス人11名が殺害されたので、日本側も同数の11名が処刑されればそれで十分であり、残り9名の助命を申し出たのであった。

なぜ、フランス側（艦長のプティ・トゥアールが処刑現場の立会人、別の場所で公使のロッシュが待機）が途中で刑の執行中止を願い出たのか、諸説ある。八木（2020）

によると、フランス側は処刑の現場で死人の腸が飛び出たり、首がはね飛んだりする血まみれの悲惨な光景に狼狽したとか、これ以上処刑すると、日本人の攘夷思想の強さから帰り道でフランス人が襲われるかもしれないのを恐れたとか、フランス人にも命を助けるという博愛心のあるところを見せたかった、とかいろいろあった。

筆者の仮説を加えれば、この堺事件は大半の責任は土佐藩の警護班にあるが、フランス側にも事件を起こした負い目があるので多少の責任があるのに、日本側は大きな犠牲を払う償いをしたこと、そして今後のフランス（ここまでは幕府と良好な関係があった）と新政府の日本とで良好な関係を築き続けたい、との配慮もあったのではないだろうか。

最後に、堺事件における五代の役割と意義を評価しておこう。外交官吏としてフランスへの日本側からの謝罪、関係者の処刑、賠償金の支払いなどの決定に積極的に関与した五代は、当然の仕事をしたと理解してよいだろう。

彼にとって自問自答したことは、土佐藩の警護班の人々がなぜ強引にフランス人を殺害する行動に出たかであった。海の中まで逃げたフランス水兵に対してあえて発砲までしたことで、五代からすると、まだ日本人の間には攘夷思想がかなり強く残っているな、ということを自覚したのである。長崎、そして西欧社会を見てきた自分にとっては、攘夷思想よりも開国思想のほうが望ましいとますます思えるようになったことが、堺事件から得た知見だったのである。

大阪での外交官吏以外の仕事とは

外国事務掛として外交問題の仕事をしていた五代であるが、その間に職名は目まぐるしく変化した。

1868（慶応4）年の1月23日の大阪外国府事務掛、2月20日には大阪外国掛判事、5月4日には外国権判事、6月5日には大阪府権判事、9月19日には大阪府判事といったものであった。しかし、この目まぐるしい職名の変化に、そうこだわる必要はない。外交の仕事以外にも、経済の仕事が五代に期待されるようになったと理解すべきである。

どのような経済の仕事かといえば、諸外国との金融交渉、大阪港の築港準備、川口運上所（関税を扱う事務所）の管理、外国人居留地の整備と遊郭設立の計画、官営による大阪―神戸間の「テレグラフ（電信）」設置計画、造幣寮（のちの造幣局）の設立計画などである。

大阪港については大阪湾が浅くて浚渫《しゅんせつ》（港を掘る作業）が必要なので、開港までには20年から30年も待たねばならなかった。また鉄道敷設（大阪―神戸間）の計画もあったが、開設にはもうしばらく時間がかかった。

ここで強調すべきことは、これら港湾、電信、鉄道などの事業は、アメリカ、イギリス、フランスなどの企業の技術支援に頼らなければならず、明治新政府は多額の資金を用意せねばならなかった。

しかし、五代をはじめ新政府の官吏は電信・鉄道などの経営権を外国資本に与えるのではなく、官営を基本方針にしていた。それは外国企業の経営に任せると、清国のように植民地化への流れになってしまうのを見ていたので、少なくとも経営権は日本が保持していたほうがよい、との判断があった。この方針は今となっては五代たちの正しい選択であった。

だが、皮肉なことを二ついえば、第一に、西の五代友厚、東の渋沢栄一という明治時代の民間経済人の大物は、それぞれが外務官僚、大蔵官僚を辞して民間経営者になったので、官業にはなじめなかったのである。

第二に、渋沢栄一のつくった第一国立銀行は、朝鮮進出を図った際には朝鮮での貨幣発行をあたかも第一銀行券のようにしたので、植民地政策の一環とみなせる。これに関しては橘木（2012, 2020）を参照されたい。

官を辞して民間経済人へ

大阪での官吏として外交と経済のことで多忙な五代であったし、仕事も順調にこなしていたが、1869（明治2）年の7月に官職を辞し、民間経済人として実業家の道を歩むことを決心した。まずは、なぜ五代が官を辞して民の生活に入ったのかを考察しておこう。

実は、五代には2か月ほど前には、大阪で徴士としての外交官の職を離れて、横浜に会計官として転任する命令が下っていて、本人はしばらく横浜に出向いていたのである。

この転勤には、明治新政府で権力を握っていた大隈重信らの意向が働いていた。経済や会計に強い五代の能力を見抜いていたとも理解できる。なお東の渋沢栄一も、実は大隈重信らの誘いで大蔵省に引っぱられたのであり、東西の両巨頭の才能の豊かさを見抜いた大隈の力量をここで評価しておこう。

しかし、ほんの短期間、横浜に赴任しただけで、五代は辞表を提出して民間人となったのである。なぜ五代が、この決断をしたのか諸説あるのでこれをここで述べておこう。これに関しては、すべての五代に関する文献が言及している。ここでは筆者の解釈も付言しておこう。

1、論者の間でほぼコンセンサスがあるが、もっとも重要な理由は、五代は公務の仕事よりも民間経済部門で自由に仕事をしたい希望が強かった。

東の渋沢栄一は公務の不効率性に嫌気がさしたし、内部での権力争いから逃避したくて大蔵省を辞したのであるが、これにやや似ている。自分の意思通りに企業、組織の運営をしたい希望が強かったのであり、その能力があると自分で感じるようになっていた。

2、ベルギーにいたときにモンブランと交わした条約・契約は帰国後に実現されなかったが、この合意書のなかにはさまざまな事業やビジネスのことが書かれており、五代はこれらを実現したい野望を捨て切れなかった。

3、明治新政府の徴士として大阪で大阪府判事という職名で外国掛の仕事をしていたが、これに加えて経済の仕事にも従事していた。大阪では造幣寮（造幣局）で貨幣の鋳造の仕事、電信・鉄道の仕事をやっていたので、これらを自分の手でやってみたい気持ちを持つのは自然なので、横浜を引き払って大阪に戻ることを決意したのである。

特に、貨幣制度の整備は日本の経済発展にとって必須と考えており、大阪で造幣の業務がなされるのを見ていて、金、銀、銅の産出と鋳造の仕事を大阪で続けたかった。実は、この要因がもっとも重要だったのではないだろうか、というのが筆者の思いである。

4、五代の評判は薩摩では相変わらず良くなかった。薩摩藩では、明治維新の達成は薩長の武闘派（あるいは武勲派）が幕府軍と生命を懸けて戦ったからであり、五代のように身を挺さずに文勲だけで生き残り、そして徴士として高地位と高給を得ている姿への反感は強かった。それをよく知っていた五代は、薩摩と縁を切ることに抵抗はなかった。

5、五代が松木弘安（寺島宗則）と二人で薩英戦争のときにイギリスの捕虜となり、その後、身を隠したことで、武士らしくない弱気の姿勢が明治時代になっても薩摩では忘れられていなかった。しかし寺島は、官を辞することなく外務大臣にまで出世をしている。

6、家族のこともけっこう重要ではなかろうか。16年ほど前に父・秀尭、1年前に母・やす子を失っていた。実兄の吉崎徳夫は漢学者であったし鎖国派でもあったので、開国派の友厚とは反りが合わなかった。こうして両親はもう亡き人だし、実兄とも良い関係でないから、薩摩から縁を切って自分が離れて大阪に住むことに抵抗感がなくなっていた。

家族といえば妻が大切である。初婚のトヨとは早々に離婚しており、後妻の豊子とは１８７０（明治３）年の1月に結婚している。彼女は奈良の出身で、薩摩とは無縁の人だったので、ここでも薩摩からの逃避が可能であった。余談であるが、五代には本妻豊子との間に子どもはなく、昔流にいえば妾との間の子である娘・武子の夫・龍作（1933）の伝記『五代友厚伝』が有名である。

7、薩摩藩の武闘派に嫌われた五代であったが、その人々の間でも五代が比較的良好な関係を持っていたのは、家老の小松帯刀とのちの大物・大久保利通であった。特に、五代が大阪で企業人として成功したときにも、政府の重要人物になっていた大久保とは交流を続けていた。武闘派から文勲派になり、合理主義者であった大久保とは共通の趣味である囲碁も含めて波長が合ったのだろう。

天皇が京都から江戸に移るという江戸遷都の前には、大久保は大阪遷都論を主張していたほどだったので、五代が大阪で民間経済人に転身することに反対しなかったのである。五代にとって大久保の存在は、その後押しになったのであろう。

金銀分析所の設立と発展に寄与する

1869(明治2)年の7月に、官を辞して民間人となった五代が最初に取り組んだ事業は、同年の10月に大阪で設立した金銀分析所であった。33歳のときである。分析所と名乗っているが、分析や研究を行うものではなく、旧来の金貨・銀貨を購入して、それを精製して金銀の地金《じがね》とし、造幣寮(局)に新しい金貨・銀貨の材料として納入するのであった。

さらに、日本各地の金山・銀山を購入して、金と銀の採掘と鋳造を行って、それを造幣寮に提供する事業を行う目的を持っていた。

官の時代に造幣寮の仕事をしていた五代は、この事業が将来、きっと重要な産業になるだろうと信じていたからこそ、金銀分析所の事業を始めたのである。経済人としての才覚を感じさせる行動である。

ここで造幣寮が、どれだけの金銀を鉱山から購入していたかを知っておこう。表3－1がそれである。五代が直接関与した半田鉱山は大量の金銀を納入していること

表3-1　造幣寮出張所輸入の各鉱山産出地金（1882年度）

鉱山名称	輸入高	溶解減	品位		価格		金銀合数
			金	銀	金貨	銀貨	
小坂+	94,295.05	7.11		991.0		117,761.75	117,761.75
同	2,769.58	22.75	12.6	981.5	700.03	3,371.71	4,071.74
阿仁+	15,273.94	6.27		996.5		19,189.24	19,189.24
同	2,338.00	3.73	35.4	946.0	1,692.13	2,795.89	4,488.02
佐渡	75,973.70	4.89	26.1	863.0	40,507.55	82,810.54	123,318.09
院内	24,327.33	9.51	10.8	982.5	5,342.14	30,048.15	35,390.29
十輪田	25,766.55	26.00	17.1	978.0	8,810.01	31,152.62	39,962.63
飛騨+	15,508.49	6.34		995.0		19,462.53	19,462.53
同	905.00	5.10	0.9	993.5	16.64	1,135.46	1,152.10
尾太+	877.00	4.82		993.5		1,100.55	1,100.55
軽井沢+	617.24	4.09		995.0		776.31	776.31
朝陽館半田	174,140.76	9.80	3.3	972.8	12,681.43	212,905.80	225,587.23
星野半田*	4,143.03	24.06	2.3	974.0	190.73	4,998.51	5,189.24
大葛	829.34	47.12	880.2	69.0	14,279.81	69.19	14,349.00
尾去沢	758.87	76.89	943.9	140.0	12,566.78	128.89	12,695.67

注：+は貨幣鋳造に適する地金、*は1882年5月から輸入した地金。
出典：日本経営史研究所『五代友厚伝記資料』（第2巻二二、31頁、東洋経済新報社、1971〜2年）より作成。田付（2018）より引用。

とがわかる。

この時期では、明治時代初期の大蔵省と民間企業の関係が大切なので、その逸話を記しておこう。

関わるのは井上馨（大蔵大輔、次官のこと）、益田孝（造幣局権頭、副局長のこと）、渋沢栄一（大蔵大丞、局長級クラスのこと）、岡田平蔵（五代と一緒に金銀分析所に関与）などである。

五代と益田は、造幣寮を通

じて交渉のあったことは確実である。井上が大隈重信と対立して大蔵省を1873（明治6）年に辞したとき、益田や渋沢もそれに殉じて辞職し、その後、益田は三井物産、渋沢は第一国立銀行の設立に向かうのである。なお井上は、のちに官界・政治家に復帰した。

岡田は大蔵省の役人ではなかったが、日本橋の金物商の婿養子という民間経済人であり、大蔵省に出入りしていて、造幣寮とも関係があり、五代と一緒に金銀分析所に出資したのである。岡田はのちに金銀分析所を離れて五代から独立してライバルとなった、と宮本（1981）や田付（2018）に記されているが、八木（2020）は、それは史実ではないとしている。そして五代が、金銀分析所の事業によって「巨万の富（数百万円、今の貨幣価値で約200億円）」を得たとされることに関しても、過大推計であるとしている。

ここでは金銀分析所の詳細にはふれず、むしろ五代が民間経済人として第一級の仕事のできる人であることを示した事実を強調したい。それはいくつかの経営方針で確認できる。渋沢栄一と比較しながら簡潔に述べたい。

第一に、金、銀、銅などの鉱山開発と採掘に成功し、かつその鋳造技術を発展させたことでわかる。東の渋沢栄一は第一国立銀行の設立によって、まずは金融業の発展を通じて非金融業の発展を期待し、日本経済を強くしようとした。一方、西の五代友厚はまず鉱山業、貨幣の鋳造業の発展によって、日本経済を強くする手段を好んだ。この二人の手段の違いをここで認識しておこう。

第二に、渋沢栄一も五代友厚も官職を辞しての民間経済人であるが、官にいたことのメリットを受けたことに留意したい。特に五代の場合には、明治新政府に政府要人と官僚を多く送り込んだ旧薩摩藩士の人脈を生かした。すなわち、二人とも官にいたことをのちの民業に生かしたという共通点がある。

渋沢にとっては、貨幣制度のことや銀行という金融制度において、大蔵省の許可をはじめ、種々の行政事項、税制や政府支出のことなどの仕事を大蔵省にいたときに熟知できたので、自分が民間銀行を設立、経営することに役立たせることができた。人脈としても、井上馨や得納良介（大蔵大丞）などの支援を受けた。特に得納からは橘木（2020）で述べたように、渋沢が第一国立銀行の設立で苦悩したときに、格別の支援を受けたのである。

五代にとっては、鉱山での利権獲得や融資において、新政府からの口利きや優遇融資があった。江戸時代では、金、銀、銅などの鉱脈は幕府や藩が持っていたことが多く、明治新政府になってからの旧幕府や旧藩からの払下げにおいて、新政府の中枢の役職を占めていた旧薩摩藩士からの情報提供や優遇措置のあったことは否定できない。

特に大久保利通とは、1875（明治8）年1月の「大阪会議」を五代が中心になって斡旋して、長州の木戸孝允、伊藤博文、井上馨と大久保との間での和解の成就に成功し、日本が一気に動き出すきっかけをつくった。大久保と五代はこれを機に特に親しくなり、殖産興業政策の推進など、明治新政府でトップになりつつあった大久保の支援を受けるようになった。たとえば、五代の取り組む鉱山業を積極的に支援するようになる。

第三に、外国人の鉱山開発と技術の支援を得た。特にフランス人のモンブランが日本に連れてきた、ジャン・コワニエが鉱山業の技術の発展に貢献しているのである。日本最初の製糸工場である富岡製糸場も同じフランス人のポール・ブリューナの企画とエドモン・バスチャンの設計によるものである。

ここで話題を金銀分析所に戻そう。五代が最初に手掛けた鉱山は奈良県の天和銅山であった。１８７１（明治４）年の10月のことであり、民間人の所有物からの取得で、金銀分析所で蓄積した資金を主として充てた。**表３－２**は五代の購入した鉱山の一覧表である。

これら鉱山の購入、取得に関していくつかの覚書を付しておこう。

第一は、購入資金は主として五代が金銀分析所で獲得した資金が充てられたが、一部にはやや不明朗な取引もあった。たとえば、田付（2018）によると、明治初期の商慣行では、たとえ民間の山主がいる鉱山であっても、その権利を無視して政府要人と関係の深い政商に借区権の付与されることが多く、山主と政商との間で紛争が絶えなかった。

田付（2018）では、大蔵大臣だった井上馨、五代と一緒に働いた岡田平蔵による

表3－2　五代が手に入れた鉱山のリストと年月

鉱山名	主産物	所在地	入手年月
天和山	銅	大和国吉野郡天川郷田村	明治4年10月
(赤倉山)	銅	大和国吉野郡北山西野村	〃　5年
(栃尾山)	銅	大和国吉野郡天川郷栃尾村	〃　8年3月
蓬谷山	銀・銅	近江国愛知郡政所村	〃　5年11月
(山内山)	鉛	近江国愛知郡政所村茨茶屋村山内	〃　7年3月
(水沢山)	水銀	伊勢国三重郡水沢村	〃　7年7月
〈金平山〉	金	加賀国能美郡金平村	〃　5年
〈亀谷山〉	銅	越中国新川郡亀谷村	〃　7年
鏡山	銅	美作国	〃　7年3月
(久米山)	銅	美作国(北条県)久米郡	不明
(下手山)	銅	美作国	不明
和気山	銅・銀	備前国和気郡樫村	〃　7年3月
半田山	銀	岩代国(現 福島県)伊達郡北半田村	〃　7年7月
神崎山	銅	豊後国南海部郡木浦村・大野郡尾平村	〃　7年6月
大久保山		大和国	不明
柴口山	不明	不明	不明
久地山	不明	不明	不明
大登志山	不明	不明	不明
爪根山	不明	不明	不明
福畑山	不明	不明	不明
駒帰山	辰砂	大和国宇陀郡駒帰村	不明
大立山	銀	播磨国宍粟郡倉床村	〃　12年8月
面谷村	銀・銅	越前国大野郡面谷村	〃　14年12月
鹿籠山	金	薩摩国川辺郡東鹿籠村	〃　16年10月
(伊作山)	銀	薩摩国日置郡伊作郷	〃　17年2月
(助代山)	銀	薩摩国日置郡伊作郷	〃　17年？
羽島山	金	薩摩国薩摩郡串木野郷羽島村	〃　7→17年
豊石山	銅	石見国鹿足分豊稼村	〃　17年春
〈穴ヶ原山〉	銀	薩摩国阿多郡和田村	〃　17年1月

出典：日本経営史研究所『五代友厚伝記資料』(第1・3巻、東洋経済新報社、1971～2年）より作成。
備考：(　）の鉱山は枝山を表し、〈　〉の鉱山はその他の資料に記載されている。
出典：八木（2020)。

尾去沢鉱山において、旧山主との間で発生した訴訟・疑獄事件が書かれている。五代の直接関与した事件は書かれていないが、旧薩摩藩の大物と付き合いがあったし、岡田は彼の同僚でもあったので、大なり小なり五代の鉱山獲得に際して有利な扱いを政府から受けていない、とは完全にはいえないだろう。

現に五代はのちになって、八木（2020）は否定しているが、「北海道開拓使官有物払下げ事件」では嫌疑をかけられたことがあるので、「火のないところに煙は立たぬ」ということわざからすると、尾去沢鉱山の事件に似たケースも五代にはあったかもしれない。特に旧薩摩藩は明治新政府で絶大な権力を誇っていたのであり、開拓使をめぐる事件も薩摩藩の大物・黒田清隆が長官として関係したのである。

第二は、半田銀山である。この銀山は江戸時代から島根県の石見、兵庫県の生野と並んで三大銀山と称されていた福島県の名銀山であった。明治時代になって一時休業していたが、五代はこの銀山の開発を手掛けたのである。生野銀山にいたフランス人の銀山技師・コワニエを技術者として投入し、何とか再開に成功した。新しい精錬技術も導入した。再開当初は赤字経営であったが、産出量も増加したし、1

880（明治13）年には純益もプラスに転じ、五代の経営した鉱山のなかではもっとも生産量の著しいものとなりえた。131ページの表3－1は、それを示している。

1876（明治9）年には、半田銀山に明治天皇の行幸《ぎょうこう》（視察）があった。これも新政府の大物・大久保利通の進言があったからこそであり、ここでも薩摩藩のつながりを知ることができる。半田銀山の繁栄を語る一つの要因として、五代が大なり小なり旧薩摩藩士としての人脈を享受したと想像できる。

第三は、これら鉱山事業をまとめる組織として、五代は1873（明治6）年1月、大阪の堂島に「弘成館」を設立した。この組織は、東の渋沢栄一の組織した合本組織（今でいう株式会社）ほど近代化されておらず、少数の出資者が資本を出し合って経営する組織にすぎなかった。

前近代性を語るとすれば、一つの例として、五代のようなオーナー出資者の経理と弘成館の経営上の経理が区別されておらず、経営の責任がどこにあるのかが明確ではなかった。株式会社の形態がまだ日本に根づいていない時代であれば、無理な注文であったのかもしれない。

東の渋沢栄一はフランスに1年半滞在して、株式会社による会社組織を学んだが、イギリスを中心にそれより短い期間しかヨーロッパに滞在していない五代にとっては、そこまで学ぶ余裕がなかったし、他の仕事に忙殺されていた。あるいはベルギーで条約・契約を交わしたフランス人のモンブランは貴族の出身だったので、株式会社の知識に欠けていたか、なじんでいなかったのだろう。

経理・会計に関しても、まだ近代の複式簿記は日本には定着しておらず、いわゆる大福帳方式に頼っていたので、経営を科学的に行うには至っていなかったこともあるだろう。

他にも、五代の鉱山経営がそううまく進まなかった理由がある。まずは、鉱山は採掘せねばならず、大きなリスクを伴う事業であり、災害・事故に遭うことが多いし、いくら掘っても金、銀、銅の見つからないこともある。さらに精錬して金、銀、銅を売り出しても、価格の変動が激しい産品なので、得をすることもあれば損をすることもあって経営を不安定にした。

こう理解してくると、五代の経営者としての素質に疑問符が付くかもしれないが、五代が金、銀、銅を社会に提供した、という業績だけは評価しておきたい。

一国の貨幣制度の確立のために、金貨、銀貨は必要だったのであり、それを世に送り出すことで、経済がうまく循環するようなインフラストラクチャーの構築には寄与した。銅の供給においても、銅線や銅板という加工品を製造する原材料となるので、銅業の整備によって工業の進展に寄与した。

一言でまとめれば、五代自身、あるいは弘成館の事業は利潤を生み出せなかったという経営の視点からは評価できないかもしれないが、リスクの高い事業に挑戦した結果、産品の社会への提供につながったという意味では、ある程度の価値のある仕事を残したのである。

朝陽館による製藍業の失敗

鉱山業で、ある程度事業を成功させた五代の次の関心は製藍業に移った。世界的に藍の生産・貿易が活気を帯びている現状を知って、五代は日本でも生産に励んで、輸出できるまでにしたいと考えていた。

１８７６（明治9）年9月に、五代は大阪に「朝陽館」を設立し、製藍業に本格的に取り組んだ。日本各地から藍の生葉や乾葉を仕入れ、大阪と東京に製造工場を建設して生産に励む体制をつくった。それには多額の資金が必要なので、五代が鉱山業で獲得した資金だけでは足りず、政府から借り入れをしようとした。ここも薩摩出身の五代は、政府の中枢に薩摩の人が多いという便益を活用したと想像できる。50万円という借入金であるから、かなり巨額であった。

それにしても不思議なのは、当時の経済人にとって藍という産品が魅力であることに気づく。東の渋沢栄一も少年の頃は父の家内事業を受け継いで、藍玉の生産と販売に取り組んだのであり、東西の巨人がともに藍に惹かれたのは不思議な縁である。渋沢の場合には、これが成功したので、商工人としての素質を感じたのであるが、五代の場合には逆で、朝陽館での藍は失敗に終わった。

なぜ失敗で終了したのか、諸説ある。まずは産品の質が最上級とはいえず、当時、インドなどが藍で強かったが、それを少し上回る品質しか産出できなかった。さらに国内、国外ともに製品の販路の開拓が不十分で、生産品の売り上げが期待通りに進まなかったことが決定的に響いた。

これは何も、五代の経営能力の欠如だけに帰することができず、明治時代初期の日本の産業、経済自体が未発達で、生産技術の水準が低く、かつ需要予測が不正確なので販売技術も欠けていたことが大きい。

こういう情勢であるから、朝陽館に貸し出された50万円の借金返済はうまく進まず、何度かの返済延期を強いられて、数年後にようやく返済されたのである。ここでも政府内で大久保利通などの知己の多かった五代は、返済猶予が認められたと記しておこう。

印刷業と英和辞典の出版

製藍業に失敗した五代ではあったが、成功した事業もあった。それは印刷業と英和辞典の発行である。そのいきさつについては八木（2020）に詳しいので、それに依拠して簡単に述べておこう。

五代は活版印刷のことは何も知らず、出版事業に自らが経営に乗り出すことはなく、ただ資金提供者として関与したにすぎなかった。この形式は、所有と経営の分離という現代では当たり前の経営方式の走りなので、記しておく価値はある。

長崎での海軍伝習所時代に、五代がともに学んだ本木昌造という人物がいた。彼は『大阪印刷百年史』（1984年）に登場する人物で、長崎で「新町活版所」を開設した。長崎を本拠にして、大阪、横浜、京都、東京の各地に印刷所の開設を計画し、大阪に関しては五代の支援を求めてきた。これが本人側の働き掛けか、それとも五代側によるものかは不明であるが、とにかく五代が1500円の資金提供に応じて、大阪にて印刷所の開設がなされた。

1871（明治4）年から72年頃には、この活版所の経営は順調に進み、1874（明治7）年頃には、借りていた負債と利子（90円）を添えて五代に返済できるまでに成長した。五代が支援した大阪活版所はその後、大阪を代表する印刷会社にまで成長したのである。

この経緯を知るにつけ、五代にとっては印刷業という素人同然の産業への経営には関与せず、資本家としてのみ貢献したのが幸いしたのかもしれない。経営を平野富二や吉田宗三郎に任せたことが『長崎居留地』（重藤威夫、1968年）に記されており、所有と経営の分離のメリットを活版印刷業の成功からも知ることができる。最後に、通称『薩摩辞書』と呼ばれる英和辞典の出版に関与したことを述べておこう。一言で要約すると次のようになる。

1862（文久2）年に幕府の洋学研究所機関であった開成所で、日本最初の英和辞典が出版されたが、五代がその改正増補版を計画したのが1871（明治4）年頃であった。五代は出資者としての役割であり、実際には英語に強い人が執筆の担当者であった。その一人が、薩摩藩がイギリスに派遣した留学生計画のなかで英語の通訳官であった堀孝之だったのである。これが現在では、五代友厚が大きく関与した『薩摩辞書』として認識されている。

【コラム②】五代の辞官と『惣難獣』

１８６９（明治２）年の７月４日に、五代友厚は横浜での会計官権判事（知事に類する職）を辞して官職を離れた。それまでは大阪で判事の職にあって、大阪外国掛として外国との貿易や大阪港建設の仕事という官職に就いていたが、横浜転勤後はわずか２か月の短い職務で官職を辞したのである。これより五代は、民間の経済人としての生活を始めた。官職に就いていた期間も、合計でわずか１年半という短いものにすぎなかった。

この官職を辞するときに、五代は『惣難獣《そうなんじゅう》』という戯作を出版している。五代のキャリア、すなわち薩摩藩の有力藩士、短期間の官職、そしてその後の長い民間経済人という経歴において、この戯作は本人の職業生活の本流から離れる特異な仕事なので、ここで論じるものである。

この戯作については八木（2020）に詳しく紹介されているので、それに依拠するところ大である。なお『惣難獣』は時局、政局批判の書とみなされているので、五代が明治新政府とそれらの仕事をする役人と兵士が取った行動を批判したい目的で著したと解釈されている。

いつ頃出版されたかといえば、明治元年の頃であるが、五代が本気になって明治新政府と役人・兵士を批判したいために書いたのではなく、半分は文学、漫画への関心によって余技としてその気になったと解釈できるかもしれない。

そう思う根拠は、第一に、新政府の重要な職に就いていた旧薩摩藩士の仲間（たとえば、小松帯刀、寺島宗則、大久保利通、黒田清隆など）を直接に批判する気はなかった。

第二に、『惣難獣』で悪者として登場するのは主として小役人と兵士なので、これらの人を厄介な「惣難獣」として扱ったのであり、この獣が旧幕府藩の民衆を苦しめたことを象徴とみなしたにすぎない。

まずは、この「惣難獣」の姿を見ておこう。図は八木（2020）の348ページから借用したものである。オリジナルは『五代友厚伝記資料』の第4巻の149ページに掲載されている。いかにも厄介で危険な獣であることが読み取れる。この獣を記述している文章が『五代友厚伝記資料』にあるので、それを引用しておこう。

「千時、明治元戊辰中春の頃、諸国の山奥等より、異形の獣が生じ、ここかしこに集屯して、万民を悩ます事甚しく、依て退散の事を、神の祈念仕たまえ」というものである。

この文章の意味するところは、「屯」という文字が「駐屯」や「屯田」などと考えてよく、兵士が占領地に土着して農業に従事させられたりした。明治時代の北海道に「屯田兵」が存在していたことは皆の知るところであるし、「集屯」の意味がわかるであろう。「万民を悩ます」は兵士が現地の民衆をさまざまな分野で苦しめていた。そしてこれらの兵士を「惣難獣」という異形の怪物になぞらえて、民衆のためにはこの怪物を退治せねばならない、と述べているのである。

「惣難獣」の姿。

よく知られているように、戊辰戦争はおも

に京都、大阪の地で薩長・土肥を中心にした官軍と旧幕府軍の戦《いくさ》で官軍が勝利してから、江戸城の無血開城、会津戦争などが続いた。その後、新政府軍はよせばいいのに、奥州や上越の諸藩を攻撃することになった。そこでそれら諸藩（仙台、米沢、盛岡、秋田、弘前、山形、松前、長岡、新発田など）が奥羽越列藩同盟をつくり、新政府軍に抵抗する戦争が続いた。このときの新政府軍の兵士に農民上がりの「農兵」が多く、東北地方の民衆をいためつけたので、これらの兵士が「惣難獣」と称されるようになったのである。

これら征服者の兵士たちが略奪や窃盗など、酒色に励む悪いことをするので、図に描かれた怪獣になぞらえて、この獣は退治されねばならない、と五代は比喩的かつ象徴的に述べたいのであった。必ずしも新政府軍の幹部やその政策などを直接批判したのではなく、兵士の行動を批判したのである。

ここで『惣難獣』が書かれた理由の一つ、奥州・上越の諸藩と新政府軍（官軍）の関係を見ておこう。

官軍が東進した最大の目標は、江戸幕府の討伐だったので兵隊の規模は巨大になっていたが、奥州・上越の諸藩討伐軍は小規模であった。よく知られているように、西郷隆盛と勝海舟の間で江戸城の無血開城が成立し、官軍はその後、会津藩という幕府の有力藩との戦いにも勝利したので、いよいよ明治新政府の権力が確定したのである。

それにもかかわらず、新政府軍はなぜ奥州・上越の諸藩と戦わねばならなかったのかは、これらの藩が奥羽越列藩同盟をつくり、官軍に抵抗しようとしたからである。

これら諸藩の多くは弱小藩なので官軍に抵抗する力もなかったし、新政府への恨みもそう大きくなかったのに、なぜ官軍に抵抗するようになったのか。それについては、いくつかの理由がある。それは公家の九条道孝を指揮官とする、鎮撫《ちんぶ》使《し》軍と称される官軍の参謀であった世良修蔵に問題があったからによる。この参謀には、黒田清隆のような有能な人が過去にはなっていたが、新しい参謀の世良修蔵の力量が不足していた。

世良は傍若無人の言動をする人であったし、五代の『惣難獣』で描かれたような兵士による悪い行動が民衆を怒らせたこともあり、奥州・上越の諸藩と民衆から大きな憎しみをかっていたのである。憎き官軍を叩くという気運がこれらの諸藩で強くなった。

しかし官軍に抵抗する奥羽越列藩同盟は、仙台藩の伊達慶邦、米沢藩の上杉斉憲をトップに仕立てて戦ったが、同盟に属する藩の軍事力は弱く、個々の藩の軍は官軍に次々と敗戦した。二本松、米沢、仙台と次々に降参し、奥州・上越の諸藩は明治新政府の支配下に入ったのである。

『惣難獣』の果たした役割をまとめて評価してみよう。この戯作は五代による明治の官軍の取った行動への批判を記したものであるが、五代がこれによって官軍なり新政府そのものを否定するものではなかった。

五代自身は薩摩藩士として軍事面ではなく、政治や経済の側面で間接的にせよ、新政府の樹立に関与したと理解できるので、本気になって新政府と官軍を非難した戯作とみなさないのが正しい。むしろ官軍の一部が、東北地域で民衆を必要以上に苦しませる行動をしていたことを批判する気持ちで、『惣難獣』を公刊したと判断しておこう。

ここではなぜ五代が、官職を辞し民間の経済人になることを決意したのか、本文のなかで述べたことと重なる点もあるが、まとめの意味でいくつかの理由を述べておこう。

第一に、これは八木（2020）の強調していることであるが、五代が薩摩藩を離れて大阪で新政府の官吏という徴士になったとき、鹿児島では五代をはじめそういう行動を取った人への批判が高まったのである。薩摩藩士として新政府軍に所属して、旧幕府軍との戊辰戦争で生命を懸けた戦のなかにいるのに、五代をはじめ政府の徴士になった人々は、江戸や大阪・京都で高給を受け取りながらの生活をしているとの批判が高まっていた。

当時の徴士の俸給は、議定で月額700両（現在の貨幣価値で490万円）、参与で500両（350万円）という高給とされており、武勲派と称される旧薩摩藩士の人々からすると、彼らは戦わずして高給を受け取っているとの反感が強かったのである。この批判は徴士になっていた大久保利通、小松帯刀、寺島宗則などにも向けられてよいが、少なくとも大久保や小松は過去に生命を懸けて戦ったので、批判のトーンは大きくなかった。

第二に、むしろ五代に対してはろくに戦闘には参加せず、ヨーロッパに滞在して楽な人生を送ったのに加えて、「西洋かぶれ」になっていると地元の武勲派の反感は特に強くなっていた。地元からは暗殺のうわさが流れて、五代にそれが知らされることもあった。こうなると身の危険を感じて、徴士の身分を返上（すなわち官を辞す）して、一介の民間人になることを選択することがあっても不思議ではない。

第三に、本書を通じて、五代の信条は彼がこれまで従事していた経済や商業、貿易での業務から得たこととして、経済活動を活性化することに最大の価値を見出していた。官を辞して、民間での経済活動に従事したいとの希望を常々持っていたことは本文でも強調したので、官を辞することに躊躇はなかった。

第四に、これは筆者自身の仮説であり、その証拠を確実に示すことはできないが、五代は性格上、兵士として戦に従事することに生きがいを感じる人間ではなかったのではないか。薩摩藩士の息子として育ったので、武士として身を張って戦う身分になる宿命から逃れることはできなかったが、半分は嫌々ながら武士としての人生を、少なくとも若い頃は送ったのではないか……。

そう考えられる根拠はいくつかある。まずは薩英戦争のとき、戦に積極的に挑まず、割と簡単に捕虜になる姿勢を示した。さらに薩摩藩から長崎海軍伝習所へ派遣されたときも、軍事に関することを学ぶよりも、貿易や経済のことを学ぶ意欲が強かったし、本人もそれらの仕事に生きがいを感じて仕事に励んだ。

同じことは、イギリスをはじめヨーロッパにいるときも、軍事力のことを調査するよりも経済界の動きを知ることに大きな関心を寄せたのは、よく知られた事実である。

こういう特色を保持する五代であれば、旧薩摩藩の威光を借りてなったような徴士という官職から離れて、民間で経済人として独立に生きる選択をしたのは当然なことと判断できる。

第4章　働き盛りを迎えた明治10年代

民間企業を経営する①：大阪製銅会社

五代が新しく関心を持った事業は製銅業であった。自己の保有する銅山から得られる素銅の精錬によって、銅板や銅線という製品を生産したいと考えたのは自然であった。当時は蒸気船の人気もあったので、銅への需要は高まると予想して、製銅業への期待は大きかったのである。そこに目をつけた五代の認識は正しかった。

しかし、五代がイギリスをはじめ西欧で見聞したのは製銅もさりながら、製鉄の方がより普及していたのが現状と思われる。

鉄道、建築、機械などで用いられる鉄の多さから、製鉄を日本でも興さねばならぬと思ったであろうから、なぜ製鉄業ではなく製銅業なのであろうか。それはすでに述べたように、日本では銅山の開発がなされていたのに加えて、製鉄に取り組むにはもう少し時代が進まねばならなかったのである。

日本の製鉄業の歴史を調べると、古い時代は砂鉄に依存していたが、近代になると最初は安政時代（１８５０年代）の釜石地区が最初であり、官営釜石製鉄所の設立は1880（明治13）年のことであった。五代が製銅所を設立した頃と同じ時期であるが、製鉄業は輸入鉱石に依存するし、高炉を用いるので官営でないと生産できないほどの大規模工場が必要だったからであろう。

五代らが、大阪府に「製銅会社設立御願」を提出したのは1881（明治14）年の1月であり、許可が下りたのは3月であった。それ以前の1879（明治12）年の8月に、陸軍省に東京砲兵工廠の銅板製造機械の払下げを願い出ていたが、先に別の人物（中野成道）が願い出ていたので、五代らの願いは却下された。そこでイギリスから製銅板機械を購入せねばならなかった。

ところでこれの件では、五代らという表現を用いたが、五代個人の名前による申請ではなく、製銅会社は10名の連名であった。しかも申請の代表は杉村正太郎（杉村商店主）であり、社長になるのは住友家の広瀬宰平であった。

ここで注意すべきことは、五代は大阪製銅会社においてトップにはならず、複数の共同出資者から成る事業のなかの一人の出資者にすぎなかった。ここからのちに五代の関与する諸事業も、ほとんどが共同出資の事業なのである。単独の出資でトップになっての事業の経営には、困難が伴うことを過去の経験から学んだのであろうか。

じつは、大阪製銅会社の経営は最初の頃はうまく進んだが、しばらくしてから同業他社の参入で競争が激しくなり、１８９９（明治32）年に経営破綻してしまう。そして大阪製銅は住友財閥に買収される運命となったのである。

他に五代が設立に関与した民間会社は、１８８０（明治13）年の東京馬車鉄道会社、81（明治14）年の関西貿易社、82（明治15）年の神戸桟橋会社、84（明治17）年の阪堺鉄道などである。

なお、関西貿易社はとても重要な会社であるし、有名な北海道開拓使の官有物払下げ事件と関係あるので、次に詳しく論じる。他に公共性の強い組織として、大阪株式取引所、大阪商法会議所、大阪商業講習所があるが、これらものちに詳述する。

その②：関西貿易社という商社

１８８１（明治14）年に、五代は大阪において関西貿易社という商社を21名の共同出資者とともに設立した。この商社は、旧来の日本の貿易事業が外国人によって支配されている現状を憂慮して、日本人が輸出入の直接の担当者となることを目的としていた。五代にとっては明治維新の前にベルギーでモンブランと商社設立の契約をしたが、それが実現しなかったので、その夢を実現できるという希望もあったであろう。

特に、関西貿易社が交易の相手国・相手地域として重視したのは、中国と北海道であった。アジア貿易の相手としての中国と、昆布や魚介類や木材などの生産品が豊富な北海道との取引に期待したのである。

この商社の社長は杉村正太郎、五代は総監、広瀬宰平が副総監という幹部構成だったので、五代はここでもトップではなかった。しかし、関西貿易社の創立証や定款では、五代が筆頭で署名しているので、たとえ社長でなくとも、関西経済人のなかでは最重鎮、悪くいえば黒幕であったし、とても重要な人物とみなされていたと理解しておきたい。この事実がのちに北海道開拓使の官有物払下げ問題において、五代が批判の矢面に立つ一つの理由であった。

関西貿易社のような商社は、同じ頃に日本国内でいくつか設立されており、そのなかで北海道には北海社という商社が設立されていたことを記しておきたい。1881（明治14）年に北海道開拓使長官の黒田清隆に対して、4名の幹部が提出し、それが政府で認められたのである。

北海道開拓使の扱っていた事業、すなわち米、木材、ビール、牛乳、羊毛、牛・羊肉、船舶、炭鉱などを民間に払い下げ、その払い下げ分を北海社で事業として継続する、という計画であった。重要な事実は、黒田清隆と幹部4名の全員が薩摩藩の出身だったのである。

のちに北海道開拓使の官有物払下げ事件が発生したとき、五代らの関西貿易社と北海社は合併したほうがよいとの議論が起きたので、予備知識として両社の存在を知っていると事件の推移を容易に理解できるので、ここで記した。

じつは北海社の設立前の1876（明治9）年に、北海道の函館に広業商会という商社がすでに設立されており、北海道の昆布や海苔、魚介類などを中国の清に輸出する業務を行っていた。

この広業商会には五代も少し関与していて、中国から銀を輸入する仕事を行っていた。広業商会の社長である笠野熊吉は薩摩出身の商人であったし、北海道開拓使の長官・黒田清隆も薩摩藩士だったので、このあたりで薩摩マフィアの存在を匂わせる気配がなくもない。

ここで話題を関西貿易社に戻そう。当時の明治新政府の指導者は、大久保利通が内務卿で大隈重信が大蔵卿の地位にいて、日本の貿易を日本人の手で行うための施策を取っていた。しかしまだ、日本で生産して外国に直接売ることのできる商品はさほどなかったし、外国為替の取引も未整備だったので、商社をつくってもその成果には見るべきものがなかった。

せいぜい輸出できたのは生糸とお茶ぐらいだったので、設立された関西貿易社の冒頭で述べたように、中国の清との貿易と、北海道の名産との取引に特化するしかなかった。従って、所期の目的であった直接貿易（日本人による日本製品の外国輸出）の発展策は、期待通りには進まなかった。そこに北海道開拓使の官有物払下げ、という政府の方針が飛び込んできたのである。

その③：北海道開拓使の官有物払下げ

この現象を説明する前に、北海道開拓使とは何であるかを知っておく必要がある。明治時代の1869（明治2）年に北海道開拓使が設立され、旧蝦夷地は北海道と改称されてこの地の開発を行う官庁となったのである。

1870（明治3）年の5月に旧薩摩藩士の黒田清隆が次官になり、75（明治8）年の2月に長官職に任ぜられた。黒田は官軍の軍事司令官として東北と北海道の戦線で武勲を示した人である。黒田は五代の5歳年下であり、よく知る同郷の仲だったのである。

北海道開拓使は官営でビール工場、ブドウ酒工場、炭坑、森林、牧場などの経営にある程度成功するし、北海道に進出の機会をねらうロシアへの対抗上で屯田兵をもうけて、北海道の経済発展と軍備の整備に貢献していた。

ところが明治新政府は、いつまでも官業に頼る方法を見直すことを考え、1881（明治14）年に北海道開拓使の官業を民間に払い下げる方針を7月に決定した。

その手続きは、すでに述べた開拓使の官吏４名による内願書を下に、黒田が政府に上申しており、７月29日に天皇の裁可が下りて、正式に決定したのである。

だが、この民間払下げ政策が思わぬ大きな波紋を呼んだ。第一は、明治新政府のなかで権力争いがあり、民間への払下げ策に反対だった大蔵卿・大隈重信を筆頭にして、政府を追い出されたか、あるいは離脱して野に下ったのである。この政争の端緒は確かに開拓使の官有物払下げ策にあったが、奥の深いところでは明治の政治体制に関する内部での深刻な対立があった。

すなわち、長州閥の伊藤博文、井上馨などはプロシャ流の立憲君主制を基本とする漸進的な改革を主張する派と、薩摩派の一部（西郷隆盛と大久保利通はすでに他界）が結託して、急進的な、たとえばイギリス流の民主主義者の大隈重信、板垣退助、福沢諭吉の門弟などが対立していたのである。結局、立憲君主派が勝利した政争であった。

第二は、五代友厚、黒田清隆などへの批判が急激に高まった。具体的には、「北海道開拓使の黒田清隆長官は設置以来１４００万円を事業として投入してきたのにそれを39万円の安値と無利息30年賦で、同じ薩摩藩の五代友厚らに払い下げるという無謀さ」(三省堂『詳解日本史』1997年版の高校教科書、八木〈2020〉より引用)という批判があった。

もっと具体的には、当時の新聞の「東京横浜毎日新聞」「郵便報知新聞」「朝野新聞」などで大々的にこれらのことが記事にされて、民衆の怒りをかった。豪商・五代友厚らの儲け主義、薩摩藩という藩閥の醜さなどがやり玉にあがったのである。当時は自由民権運動が支持を上げつつあったし、世間では豪商あるいは政商への嫌悪感もあった。

この時点で本書の主役、五代友厚は非難の対象とみなされ、日本史上でも悪者の一人として高校の教科書でも書かれたほど、好まれざる人物になったのである。もっとも北海道開拓使の官有物払下げは、政争があったことによりのちに取り消しになったので、五代らは資金を受領していないのであり、悪評判は消滅してもよいであろう。だが、少なくともこの取引を受けようとした関西貿易社あるいは五代友厚の姿勢は消滅せず、今日までこの悪評判は続いた。

民間への官有物払下げ事件のその後

八木（2020）には、五代友厚はこの官有物払下げ事件で濡れ衣を着せられたとして無実を主張した、としている。そしてそれを裏づけるために、数多くの埋もれた文献を発掘し、かつ既存の文献の不正確な点を正して、積極的な議論を展開している。本書における叙述も八木（2020）に多くを依存している。筆者がそれらのうち、とても重要と思う点をピックアップして紹介し、コメントを付しておこう。

第一は、黒田長官が民間に官有物の払下げをしようと考えたとき、その相手先は本書でもすでに述べた北海社を念頭においていて、必ずしも五代友厚らの関西貿易社を考えていたのではなかった点にある。

第二に、関西貿易社が払下げを願ったのは、岩内炭坑と厚岸《あっけし》官林という石炭坑と森林という二つだけであり、北海道開拓使の保有する数多くの官営による物件、あるいは資産のほとんどに払下げの希望はなかった。

この事実は、関西貿易社の副総監で、住友家の重要人物である広瀬宰平による手紙の文章として、払下げを受けるとしたらこの岩内炭坑と厚岸官林の二つである、と残していることでわかる。だが、たとえ関西貿易社がこの二つの払下げを望んだとしても、天皇あるいは政府の下した払下げ決定の文章には入っていなかったので、関西貿易社が批判される根拠は乏しい、というのもある。

しかしながら、この二つが払下げの対象となる物件のなかに、すなわち天皇と政府の決定事項に入っていなかったとしても、少なくとも五代と広瀬は二件という少数ではあるが、一時は払下げを望んだことがある、という事実は消滅しない。関西貿易社もごく少数の産業ではあるが、払下げを望んだのである。

第三に、関西貿易社にとって悪者にされるもう一つの根拠は、払下げの大半が北海社に与えられるとしても、のちになって北海社と関西貿易社が合併を目論むところがあったと『函館市史』に記述があるように、世間から疑いの眼を向けられていたことである。もしこれが事実なら、たとえ当初に、そのほとんどが北海社に払い下げられても、結局はのちに合併した関西貿易社が甘い汁を吸うことになる、という予想は成立する。

八木（2020）はこの説を否定するが、少なくとも公史としての『函館市史』に書かれているなら、内容の１００パーセントが嘘とはいえないであろう。

さらに八木は、関西貿易社は儲けを第一にする会社ではないといい切っているが、民間人が出資してつくった関西貿易社が利益を求めておらず、半官半民の組織だから北海社との合併によって利潤の源を得るといった姑息な手段は取らないであろう、としている。しかしこれは民間企業である関西貿易社のやや過大評価であって、この合併期待説はある程度の説得力がある、と判断している。そういう意味では、筆者の見方は田付（2018）に近い。

第四に、黒田清隆は北海道開拓使の官有物払下げにおいて、黒田や五代を悪者にすべく新聞やマスコミに流した張本人は、政権をめぐって深く対立していた大隈重信の陰謀と考えた。一方の伊藤博文らの薩長派は、これを大隈追放の機会と考えて、大政変を起こしたのである。

第五に、北海道開拓使の官有物払下げが中止されてから、関西貿易社がどうなったかに注目しよう。

明治新政府が考えた直輸貿易がうまく進まないので、関西貿易社の業績は悪くなるだけであった。北海道開拓史の官有物払下げも中止されたのであるから、北海社との合併もなく、会社は生糸の貿易で多少は潤ったが経営はうまく進まず、1883（明治16）年の5月に解散に追い込まれた。ほぼ2年間の存在であった。

第六に、民間への払下げが中止になってから、その後どうなったかを一言述べておこう。この事件が一時は払下げの中止で収まったが、その後、1886（明治19）年以降に順次払い下げられるようになった。もっとも有名なのは、札幌麦酒醸造所でのちにサッポロビール社となる。

第七に、黒田清隆は新聞・雑誌社を告訴して、名誉を挽回しようとした。判決は有罪だったので、黒田の体面は保たれた。しかし五代友厚は告訴に加わらなかったので、法的な名誉回復はなかった。

なぜ黒田は告訴し、五代は告訴しなかったのか、文献を探したが見つからなかったので自説を述べておこう。

まずは黒田の場合には、北海道開拓使長官と陸軍中将という公務の要職にいたし、のちには首相にまでなった人なので、名誉にはこだわるところがあった。現に、彼はとても地位の高い叙勲（大勲位菊花大綬章）を受けているし、伯爵にまでなっている。

一方の五代は、一時は官職にあったが民間の経済人なので名誉にこだわる点は少なく、高位の叙勲も期待できないので、告訴に無関心であった。のちに贈正五位に叙せられたり、旭日小綬章を受けるが、黒田と比較するとそれほど高位の名誉ではない。むしろ五代は民間経済人として企業経営の成功に関心が強かった、としておこう。なお八木（2020）によると、高校教科書での五代の記述は改訂された。

五代の「米納論」という考え

五代友厚をはじめ広瀬宰平、藤田伝三郎、中野梧一、鴻池善次郎といった人を中心にして、大阪の産業や経済は明治10年代に至ると繁栄の兆しが見えてきた。

そこで、もっと大阪経済を強くするために、経済人の間で資金調達の場として株式を取引する株式取引所、経済調査と各企業・各産業間の調整を図る団体として商法会議所を設立する気運が高まるようになった。これらの動向に積極的に取り組んだのが五代友厚であった。

こういう仕事は、自己の会社を育成して利益を追求するのではなく、地域の経済、あるいは業界全体の繁栄と安定を目指すのが目的なので、社会に役立つ公益事業とみなしてよく、個々の企業活動で実績を示した経済人に期待された仕事である。すでに大阪を代表する民間経済人になっていた五代に、打ってつけに期待される仕事なのである。

「天下の台所」として江戸時代、特にその後期に大坂は経済の街として繁栄していた。いくつかの豪商、たとえば鴻池、鹿島屋の広岡・淀屋などが登場して、財政に困った武士や大名が大坂商人から経済支援を受けるようになっていた。

その代表的な商品は米であり、1730（享保15）年に開設された堂島の米会所の存在は大きかった。特に堂島の米取引では、世界に先駆けて先物取引を導入したとして有名である。現代では株式、債券、石油、金属、為替などあらゆる取引に先物取引が見られる。世界で最初にこのシステムを導入した大坂の米会所は、世界に誇ってよい。ところで米会所は幕末のインフレで廃止された。

明治時代に入ると、米価はますます不安定さを増したので、米価の安定を図るため、大阪財界は政府に米会所の復活を願い、１８７６（明治９）年に堂島米商会所が開設された。ここでの開設願いに五代は、表向きは入っていなかったが、内部では言葉は悪いが黒幕として存在していた。

１８７７（明治10）年に発生した西南戦争で政府は莫大な財政支出を行った結果、インフレに悩まされたし、米価も高騰した。そこで困った政府は、大阪の五代に政策助言を求めた。それが五代による「米納論」である。これについては八木（2020）から知りえた。

江戸時代における納税は、基本は米であったが、幕末そして特に明治初期においては、その当時、大蔵省にいた渋沢栄一などの改革によって貨幣による納税になった。その経緯については、たとえば橋木（2020）を参照されたい。

ところが、この金納策は税率が低かったので農民、特に豪農を潤わせることとなり、豊かになった農民が消費に走り、それが輸入増につながり貿易収支が赤字になる原因となった。商工業の振興策で輸出を増やせば問題ないが、まだ日本は輸出に成功するような絹、お茶以外の商品はさほどないし、そのようなときに残された手段は、地租の5分の1を米という現物で納入という「米納論」に頼るべき、というのが五代の主張であった。

政府が米で税金を徴収すれば、その手元に米を多く抱えることになるので、政府米の売買によって乱高下する米価の安定に寄与する、という副次効果もねらった「米納論」であった。

この「米納論」は、1880（明治13）年に岩倉具視・黒田清隆らによって閣議に諮られるが、伊藤博文・大隈重信らの反対によって法律にはならなかった。八木（2020）は、「この成案ならずは五代に幸いした」と述べている。

筆者もこの説に賛成である。第一に、アメリカや西欧での小麦による現納制はふるい時代の遺物であり、開明派の五代にしては珍しい時代錯誤とみなせる。特に、これからの時代は商工業の発展が予測されるし、貨幣経済はますます浸透するだろうから、農産品による現物納税策は機能しなくなる。

第二に、政府が米を大量に抱え込めば、政府が米価をコントロールする役割を果たすことになるので、米価法（のちの米価管理法や食料管理法）にもつながり、民間経済人の五代の主張としては、政府に頼る姿が見え隠れして不自然である。

もっとも、弁護論もありうる。米による現物納税も10割ではなくて５分の１としているので、１００パーセントの現物納税法を求めているのではなく、そのデメリットを意識しての妥協案としておこう。

大阪株式取引所の開設

明治新政府は、日本に資本主義を定着させるために欧米流の株式会社制度を発展させようと、東京と大阪に株式取引所の発足を図った。１８７４（明治７）年のことである。だがこの取り組みは、経済人の賛同が得られずに頓挫していた。

しかし東京では、渋沢栄一らによって株式取引の場をつくる動きがふたたびあり、大阪もこれに呼応するかのように、五代らをはじめ幾人かの経済人が株式取引所の設立運動を開始していた。1877(明治10)年頃のことである。ここでも東の渋沢、西の五代の指導力が輝いている。

大阪では、例によって五代友厚、鴻池善次郎、広瀬宰平、三井元之助などが中心の株主になって8月1日に開業した。株式取引所の開設から数年は、売買取引量は極めて低調であったが、1886(明治19)年頃から日本経済が発展期に入り、株式市場も活況を呈するようになった。主たる株式の取引産業は紡績、鉄道、船舶などであった。

大阪商法会議所の役割

1877(明治10)年に東京で商法会議所(のちの商工会議所)の設立が考えられ、翌78年3月に会頭には渋沢栄一が就任していた。

この商法会議所はヨーロッパの各都市(たとえばフランスのマルセイユ、イギリスのマンチェスターなど)で設立されていた商工団体で、業界内の調整機能を目的としていた。日本においてもこういう経済団体が必要との認識が高まり、いち早く東京で設立されていた。

大阪もこれに刺激を受けて、１８７８（明治11）年に大阪の財界人15人が名を連ねて申請したが、大阪での設立は東京に倣うという特色が強かった。９月に発足したが、会頭は五代友厚、副会頭は中野梧一と広瀬宰平であった。

興味深いのは五代友厚であり、彼はいくつもの企業や経済団体の設立に発起人や株主として関与し、初期の頃は自分が代表や社長になることもあったが、人生の後半においては、トップになったのはこの商法会議所のみであった。

ところで、会議所に加入する企業人は議員と呼ばれ、当初は60名ほどであったが、数年後には２００名ほどになった。その後は、この人数にもかなりの変動が見られた。

元々この商法会議所は、ヨーロッパでは業界の利益を守るというギルド的側面が強かった。日本ではこの側面も多少あったが、むしろ業界や経済界の主張を政府や世間に披露したり、そのための資料づくりの調査を行うというのが主たる役割となった。

なお業界内で、企業間の対立が発生したとき、その調整機能を果たすこともあった。さらに役所から諮問される事項に対して、内部で調査・検討して回答する業務もあった。

田付（2018）、八木（2020）では、大阪商法会議所が具体的にどのような仕事をしたかが詳しく解説されている。

たとえば、大蔵省関税局からの関税改正に関する諮問、大阪府勧業課からの江越間（滋賀県長浜と福井県敦賀の間）の鉄道敷設の影響に関する諮問など多岐にわたる。これらの諮問に回答するには、議員である企業経営者だけでは困難であろうから、会員企業で働く専門に強い人に頼ったのであろう。

筆者が興味を覚えたのは、会員の属する商売上の取り決めであった。業界団体である株仲間制度（参入に制限があった）はギルド的であるとして、明治5年に解散させられていた。

たとえば、本の出版・販売をする本屋の株仲間は過去には約200人であったが、

業界は企業の自由競争を原則とするようになったのである。ところが自由競争が原則となると、競争が熾烈になり倒産する本屋が続出するようになる。そこで大阪商法会議所は、業界で健全な競争をするための方策を会員向けに提案する仕事をする。

会議所は「商業仲間設置議案」を提出して、この問題をどう処理するか、その対応を協議したのである。具体的にどういう提案をしたかまでは知ることができないが、現代でも通じる産業組織論の話題を過去においても論議していたのであろう。

ところで大阪商法会議所の財政に関して一言述べておこう。それは中央と地方の政府からの補助金、会員からの会費、政府からの諮問を受けたときの調査費などで、なんとか運営はうまくなされたのである。

最後に、大阪商法会議所のその後を述べる。１８８１（明治14）年４月に政府は農商務省を発足させ、農工商諮問会をつくって各地の商法会議所を無視する手段に出た。

東京商法会議所は組織を廃止して、新たに諮問会「東京商工会」を設置した。大阪はどうしたかといえば、商法会議所を存続させて業務を続けた。東京は官庁に近いので役所の意思に従ったが、大阪は反東京と反骨心から、東京とは異なる行動を取ったとしておこう。

1890(明治23)年の9月、政府は「商業会議所条例」を発令して、商法会議所を商業会議所に改編した。このときの大阪は東京に従った。

主とした変化は、会員(議員)の定数を15名以上50名以下、そして30歳以上の所得税を納める男子としたことぐらいであった。さらに、1928(昭和3)年に現在の大阪商工会議所に改組された。この頃には大阪経済は製造業、金融業、商業において発展を遂げ、東京に勝るとも劣らない力量を持つようになっていた。

商人を養成した大阪商業講習所

1880(明治13)年に大阪商業講習所が創設された。この学校は東京で5年前に創設された東京商業講習所に次いだものである。大阪市立大学(現・大阪公立大学)の源流でもあり、その歴史と学校の特色については『大阪市立大学百年史』に詳しいのでそれを参照した。

東京商業講習所は、日本において商業、商法、外国語などを教育する場所が必要とされて、本書でもすでに登場した森有礼、渋沢栄一、福沢諭吉などが主たる人物となってつくった学校であった。この学校に関してはのちの一橋大学を含めて橋木（2012）に詳しい。

大阪で、この商業講習所が創設された契機は、実学論者で慶應義塾の創設者である福沢諭吉の門下生、「大阪新報」の新聞記者・加藤政之助が、大阪にも東京のような学校をつくるべきという記事を書いたことにある。

しかし五代は、東の渋沢とは昵懇《じっこん》の仲であるし、森有礼とは薩摩藩の英国留学生の仲間なので、商業に関する学校の必要性については話し合っていただろうから、加藤政之助の記事だけで啓発されたと思わないほうがよい。

ここにもう一人の若き実業家・門田《かどた》三郎兵衛が登場し、加藤と門田が学校のプランを練るが、大阪経済界の大物・五代友厚の後押しが必要であった。五代の関与によって大阪財界の人々が支援にまわるのである。

設立当初は私立校であり、入学金1円、授業料は50銭、教育は一日に6時間、修業年限は平均を1年半とする1年から3年であった。当時は生徒によって学力差があるので、こういう半端な修業年限になった。設立当初は簿記、作文、算術、商業、商業史、英語などが教えられた。

ところが私立の学校はたちまち経営難に陥り、公立学校化が図られる。そのときの「公立大阪商業講習所設立建言書」では、五代友厚を筆頭に鴻池善右衛門、広瀬宰平、杉村正太郎など本書で何度も登場した経済人が名を連ねているので、民間経済人の支持が必要だった。さらにこれらの人々は、学校から輩出する商業人に期待したのである。

なお東京の学校も私立から府立に移管されたので、当時の私立学校あるいは商業学校の経営には困難が伴ったのである。不思議なのは、東京は1884(明治17)年に府立から官立(国立)に移管されるが、大阪は府立のままであった。大阪人の間では地元の学校という意識が強く、官立への移管を望まなかったのであろう。さらに1889(明治22)年には東京、京都、大阪には特別市制令が出されて、大阪商業学校(1884〈明治17〉年に大阪商業講習所がこういう校名に転換していた)は市立の学校となったのである。

公立学校になることによって学費は安くなったし（のちには無料にもなった）、教えられる科目も増加した。大切なことは昼間部と夜間部の存在で、前者は3年の正科であり、後者は1年半の夜間速成科であったが、勤労学生のために配慮のあったことは商人、庶民の街・大阪らしくて評価しておきたい。

大阪高商から大阪商科大学、大阪市立大学へ

大阪商業講習所が、大阪市立大学（現・大阪公立大学）という総合大学になる歴史をごく簡単に振り返っておこう。

明治20年代から30年代にかけての貿易の拡大と日本経済の飛躍的な発展は、商業分野で働く人の数をますます要求することとなった。東京では、東京商業学校が東京高等商業学校（通称・東京高商）に昇格していた。そういう状況の下で政府は東京以外に、第二高等商業学校の設立を計画した。そのときの候補地が大阪と神戸であった。

江戸時代から商業の中心だった大阪、神戸は開港以来の貿易港として繁栄していたし税関もあった。じつは、政府内にあっては神戸に創設が内定していたが、大阪が名乗りを上げて、大阪選出の衆議院議員・伊藤徳三他六名の連名により議会に建議書を提出して、神戸と大阪が激しく争った。

この激しい誘致合戦は、1900（明治33）年の帝国議会での投票結果が大阪70で神戸71というわずか一票の差で神戸が勝利した結果、大阪での官立の高商設立案が頓挫するのである。

しかし大阪人の高商設立への熱意はへこたれず、官立がダメなら市立で学校をつくろうということで、大阪市議会は翌年に市立大阪高等商業案を成立させてしまうのである。神戸高商が実際に設立されたのが1903（明治36）年であるから、大阪高商設立のほうが神戸高商より2年も早いのである。

1920（大正9）年に、東京高商は東京商科大学へと昇格していた。大阪高商と神戸高商もこれに見習って大学昇格を目指した。当時の大阪高商では入学定員150名に対して、約10倍の志願者があり人気校となっていたことも、高商関係者の自信となっていた。大阪高商の市立大阪商科大学の昇格が認められた。

大阪商科大学は大学本科（3年）、予科（3年）、高等商業部（3年）という三つの学制から成り、東京商大と同じ構成である。大学本科では貿易科、金融科、経営科、市政科という4分科体制であり、前三者は商業の実践教育を主たる目的としていた。いわゆる経済の世界で実務的な仕事に就く人の教育を主眼としていることが読み取れる。最後に市政科は、市立大学ということで地方官吏の養成を目指したものであった。

新制・大阪市立大学は旧制・大阪商科大学を母体にして、大阪にあった市立医学専門学校、市立都島工業専門学校、市立女子専門学校などの専門学校を異なる年度に合併してできた総合大学である。

新学長に大阪商大の学長・恒藤恭《つねとうきょう》がなったということは、やはり大阪市立大学の中心母体は旧制・大阪商大だったということになる。それと学長・恒藤のリベラルな思想も大阪市立大学の性格づくりに貢献した。たとえば開校後一年のうちに、文科系3学部に夜間課程を設置しており、苦学生に配慮した教育を行っているのも、庶民の街・大阪らしい方針である。

大阪市立大学を語るとき、興味深い話題があるので、それをここに記しておこう。第一に、経済学部・商学部という二つの経済系学部では、戦前からそして戦後の長い間、マルクス経済学が中心であった。その経緯の一つとして、戦前に京都大学におけるマルクス信奉者の末川博、恒藤恭、マルクス親派の河田嗣郎《かわたしろう》の赴任が大きかった。商業と経済の都市・大阪であるし、創設者の五代友厚などの資本家、経済人は決してマルクス主義に傾倒しないであろうが、ある意味で、それとは異なる皮肉な歴史を大阪商業学校、大阪商科大学、大阪市立大学は保有するのである。

第二は、市立大学の経営である。大阪市立大学は一つの地方都市が大きな総合大学を運営するのであるから、財政的に困難のあることは容易に想像できる。授業料は国立大学よりも少し安くしていたし、入学金も市民の子弟には半分程度に抑えていた。先生の研究費は国立大学の半分程度、校舎はボロボロでみすぼらしいし、学生も低所得者層の子弟が多いので、アルバイトに明け暮れるということでまさに庶民の大学・大阪市立大学であった。

遠藤（1964）におもしろい記述がある。大阪市立大学が財政的に大阪市にとって重荷になっている現状を嘆いて、ある市議会議員が「市電の車掌と同じくらいの月給で大学の先生を雇えるなら、うんと先生を呼んだらええがな」とか、大阪市が台風で大被害を受けたときには「金を食うものは防波堤と大学や」と、こぼした言葉が残っている。

このような雰囲気であれば、旧制・大阪商大の流れを組む経済学部と商学部にマルクス主義を信奉する学者が増加するのもうなずける。学生も大阪では、近くの国立の大阪大学よりも学生運動に熱心であることは有名であった。

大阪での経済学に関して一言述べておこう。近くの大阪大学では、戦後になって法文学部ができ、しばらくしてから経済学部が独立するが、マルクス経済学の強い京都大学を飛び出して大阪大学に移った近代経済学者が中心となり、やがて大阪大学経済学部は「近代経済学のメッカ」として有名になる。同じ大阪にありながら、マルクス経済学の大阪市立大学、近代経済学の大阪大学という対比が明確になったのである。しかしのちには、大阪市立大学の経済学系は時代を反映してマルクス色がかなり弱くなっている。

最後に、2022年4月に大阪市立大学と大阪府立大学が合併して、大阪公立大学が誕生した。この合併は、大阪府と大阪市という二つの地域に二つの大学は不必要、という政治家(主として橋下徹)の主張を出発点として成立したものであった。

【コラム③】政商批判と明治14年の政変

五代友厚に対しては、北海道開拓使からの官有物払下げで、巨万の富を得た(正確には得ようとした)ということから、大阪財界の大物の政商として、三菱の岩崎弥太郎と並び称されるほどの批判がある。この批判は、高校の日本史の教科書にも記載されており、広く国内では認識された事実とみなしてよい。

これに対しては八木（2020）の詳細なコメントが発刊され、「五代はこの批判で濡れ衣を着せられており、批判は正しくない」と主張して、論戦に一石を投じた。しかもその反論は６００ページ余の大がかりな文章であり、詳細な検討がなされている。公的文書は当然のこと、新聞記事や学術論文、関係者の私的な手紙まで丹念に精査して、これまで理解されてきたことを正そうとしたし知られていない事実をも明らかにした。まとめれば、いわば五代の無実を主張したのである。

歴史家でない筆者は、八木孝昌の分析が１００パーセント正しいと判断する資格はない。とはいえ、当時の政治状況や言論界の姿を考慮すると、裏話を隠す気風のある点を暴露した八木の執筆は、素人ながら大まかに信頼できると判断する。そしてその主張は本文で記述されたので、このコラムでは、開拓使の官有物払下げ問題の中核を離れて、これに付随する周辺の話題を述べてみたい。

第一は、関与する人々の出身藩である。明治新政府は北海道開拓使の財政が大きく逼迫している現状から離脱するため、組織自治を民間に払下げする計画を考えた。開拓使という公的機関のトップは、薩摩出身の功労者である黒田清隆であった。明治時代の初期では、維新の功労者は薩摩、長州出身の人が多かったので、それらの人々の政治が藩閥政治と称されるように、お互いに関係を密にしていた傾向があった。

これを逆にいえば、薩長以外の人々からすると、身内で益を享受していることがあるのではないか、と疑心暗鬼になる。五代と黒田は薩摩藩出身なので、まわりから疑いの眼で見られることもあり、それを批判しようと必要以上に払下げ問題が大きく扱われるようになった。

第二は、当時の政界には二つの大きな派が存在していた。すなわち、明治憲法の発布と国会開設をめぐって、プロシャ流の立憲君主制によって憲法発布や国会開設を早急に実現しないのが好ましいと考える派と、イギリス流にそれらを早急に実行すべきとする派の二つの対立があった。

前者は長州出身の伊藤博文を代表にし、後者は大隈重信を中心とした派であった。明治14年の政変は大隈の失脚に至ることになるが、この両派の対立は言論界、財界、学界をも巻き添えにした。

この政変は、北海道開拓使の官有物払下げ問題を契機にしたが、結局は両派の政治的対立が主たる理由にある、と理解できる。民間への払下げ問題は、不当に安い値段で払い下げているとの批判から始まったが、それを公に批判したのが「東京横浜毎日新聞」などのマスコミであった。

これら新聞社は、大隈などの民主派の熱烈な支持者であった。政治家の大隈、財界の岩崎弥太郎、学界の福沢諭吉などが新聞社に垂れ込み、払下げには不正が潜んでいると一般に知らしめたのである。大隈、岩崎、福沢は当時勢力の強かった薩長組の人でないことも、反旗を翻す理由の一つとも考えられる。「東京横浜毎日新聞」は日頃から民主派を支持していたし、薩長藩閥政治を心地良く思っていなかったので、払下げの目的や手順をとことん調べずに、ただ単に民間への官有物払下げの不当性を暴露して、これの中止を主張したと解釈できる。当時の新聞社は政治色の強い組織であったことも無視できない。

こうして北海道開拓使の官有物払下げ問題を契機にして、政治の世界でも、伊藤博文派と大隈重信派の対立が憲法や国会をめぐって深刻となり、結局は明治14年の政変につながって大隈重信は追放されることになったのである。

ここで大切なことは、開拓使の官有物払下げ問題による伊藤と大隈の対立は、のちの政変の起爆剤となるが、払下げ問題自体は、明治14年の政変の主要な理由ではないのである。

　第三に、開拓使の官有物払下げ問題は、五代らの関西貿易社が払下げを一手に引き受けるのではなく、二つの小さな事業である岩内炭坑と厚岸官林を引き受けようとしたにすぎない、と明らかにしたのが八木（2020）の貢献である。

　この払下げを数多くの事業で達成しようとしていたと、「東京横浜毎日新聞」などは報道した。払下げを一手に引き受け、巨万の富を得ようとしたと、五代友厚が批判の対象となったが、八木はこの報道を誤報と結論づけたのである。結局、すったもんだの末に払下げ政策は中止となり、五代らは巨万の富を得なかったが、無罪放免とはならなかった。

　第四に、五代友厚は北海道開拓使の官有物払下げ問題で、批判の対象となって濡れ衣を着せられたが、あれから100年も経過する現代においても、大きな反対論はない。今まで信じられてきた理由として、八木（2020）は歴史学者である大久保利謙《としあきら》（1952）の「明治十四年の政変」という論文を挙げる。五代がスケープゴートにされたことを、研究論文として大久保は出版しており、これがのちの世にそれを信じさせる後押しになった、と記した。

大久保利謙とはどんな人物か、興味があったので調べてみた。驚くことに、彼は明治の元勲・大久保利通の孫であった。五代友厚と大久保利通は薩摩藩士であるし、二人は人生の後半期には仲が良かった。

それなら利謙は祖父・利通と仲の良かった五代の味方になって、彼の擁護をしてもよいと思われるが、現実はその逆の論文を書いたのである。開拓使による払下げ問題では、五代らの行動は通説通りであったとして、弁護しなかったのである。その理由を探すと、例の「東京横浜毎日新聞」の記事を、疑問を抱かずに信じて情報源にしていることがわかった。権威ある名古屋大学教授という学者の仕事にも不十分さが残ったということになる。

第五に、明治14年の政変によって大隈は下野したが、実力者だったのでそのまま引き下がらず、東京専門学校（のちの早稲田大学）を創設して、自分の味方になるような若い政治家やマスコミ関係者を育てようとした。

伊藤博文などの支配者は、大隈がいずれ自分たちに歯向かうのではないか、と恐れるのであった。さまざまな経緯を経て、大隈はその後見事に復活して、のちに内閣総理大臣になるほどの大物政治家となった。

第5章　五代友厚と渋沢栄一

東西を代表する財界人

すでに述べてきたように、五代友厚と渋沢栄一は明治時代に大阪と東京で企業を創業して、日本経済の礎を築いた経済人として先駆的な働きをした人であった。ともに東西を代表する財界人として有名である。

日本は東の江戸、西の大坂が江戸時代から経済活動の中心地であったし、ライバル関係にもあったので、五代と渋沢が両地域を代表する財界人となったことは不思議ではない。

日本は関東と関西の二地域が突出して経済が栄えるようになったし、協調して経済の発展に寄与してきたが、ときには両地域がライバル関係になることもあった。それらの東西対決の起源は、五代と渋沢の存在にあるといっても過言ではない。

特に二人が商工会議所を大阪と東京に創設したことが象徴的である。ここでは商工会議所の最初の創設は東の渋沢によってなされたのであり、西の五代は東のそれに刺激されて続けてつくった組織である、ということを認識しておきたい。財界の総まとめを行うのが商工会議所なので、五代と渋沢はまとめ役だったのである。

このように、五代と渋沢が東西の財界人を代表する創始者と理解すると、二人がどういう育ち方をして、経済人としての生き方の相違点がどこにあるのかを探求する作業は、とても興味深い課題となる。

そこで最後の章で、この二人の生い立ち、若い頃の人生経験、どういう事業に関与したか、経営方針のスタンス、それに個人生活にまで深入りして、両人の人生全体の比較を新しい視点に立脚して行ってみたい。

二人の生い立ちとは

生まれはどちらが早いかに注目すると、五代は1835（天保6）年で渋沢は1840（天保11）年の生まれなので、五代のほうが多少年上であるが、5歳の違いであればほぼ同時代の人と理解してもよい。したがって、江戸幕末の激動期と明治時代の開国・殖産興業の時代をともに生きた人であった。

こういう同世代であれば、二人は社会から似たような影響を受け、かつ人生の処し方として似た生き方に走る可能性の高いことは当然の予想ができる。しかし二人の経済人としての生き方以外にも、政治家、軍人、役人、町人・市民などさまざまな職業が存在していたのであり、二人がなぜ企業家として生きるようになったのかについては共通点があるかもしれず、ここにも注目してみたい。当然のことながら両人には違いもあるので、それにも言及する。

　ところで、その前に二人の少年期の育ち方には大きな違いのあることを認識しておかねばならない。

　まず初めに、親の職業に大きな違いがあった。五代は薩摩藩でも上級の藩士の家庭で育ち、将来は藩の指導者として生きる道が期待された。一方の渋沢は、武蔵の国（埼玉県）の農業と藍の生産・販売を営む半農半商の家庭に生まれ育ったのであり、武士の子どもではなかった。しかし、家計はかなり豊かだったので、貧乏人だったわけではない。

　武士の子は武士に、農・商家の子は農・商に、という伝統がまだ残っていた幕末なので、二人の進路はその伝統通りと予想された。

受けた教育と修業

家の身分の違いから生じたことであるが、五代の場合には藩校である造士館でさまざまな質の高い教育を受けた。のちには長崎の海軍伝習所に派遣されて、西洋の学問（語学、造船、軍事学）に接する機会があり、日本にいたときから西洋を意識できた。一方の渋沢は親類の尾高惇忠《あつただ》から漢文、儒教を個人塾で学ぶという機会しかなく、西洋との縁はほとんどなかった。

この二人が若いときに受けた教育の差から、のちに英仏（五代はイギリス、渋沢はフランス）に滞在したときに、学問、文化、技術に関する吸収力の差がかなり大きかったに違いない、と理解することはとても重要である。それは幼少の頃、少年時代に受けた教育の質、あるいは何を学んでいたかに依存するもので、いろいろなことを吸収する素養に差が生じた。

二人が受けた外国での教育・訓練にも差が生じた。薩摩藩が派遣した19名の英国留学生のなかにいた五代は、若手にはユニバーシティ・カレッジなどの学校に聴講生として入学させて正式な教育を受けさせた。また五代などの引率者は、学校に入学せずにイギリスをはじめ他のヨーロッパ諸国を視察して、当時の産業、技術などを積極的に自分の眼で確かめながら学んだ。これはのちに五代が、まずは鉱業、製造業などの産業を興すという経済人としての生活に役立った。

一方の渋沢のフランス行きは、本来の役割は使節団代表の徳川昭武の秘書的な役割がおもだったので、一行の会計・庶務の事務作業に追われており、外部から学問や一般の産業の実態を学ぶということはさほどなかった。

しかし偶然にも、銀行家のフリュリ＝エラールと知り合いになり、彼から金融・資本市場の実務を学ぶ機会があった。これは渋沢が帰国後に銀行、株式会社を興すのに役立った。のちに渋沢が第一国立銀行を設立したり、合本主義（株式会社制度）を日本で定着させる基礎になったのである。

以上をまとめると、五代はヨーロッパで鉱業、製造業や鉄道業を、渋沢は銀行や株式市場のことを学んだので、のちに二人が民間経済人になったときに従事する産業の違いを生じさせる理由の一つになった。

付き合いのあった外国人の大切さ

五代と渋沢はヨーロッパ滞在中に多くの外国人と接したり、あるいは二人が国際人だけに、明治時代になっても外国人と外交・経済の問題をめぐって交渉する機会があった。これらの国際性が日本で経済人としての生活をするときに、重要な役割を演じたという共通の性質がある。

五代については、長崎で薩摩藩の役人（御船奉行副役など）の仕事をしていたとき、トマス・グラバーというイギリス人の商人と懇意となったことで、軍艦や大砲を輸入するときのパートナーとなったし、イギリスへの留学生派遣についても助けとなった。

さらに、知り合いになったフランスの貴族・モンブランが、パリ万博の薩摩藩出展に奔走してくれたし、フランスとの結びつきへの橋渡しにもなった。幕末の頃は、薩摩藩とフランスの関係は良好であったが、ときを経るなかでフランスは幕府と仲良くなった。なお薩摩藩とフランスの結びつきで暗躍したのがモンブランであり、怪人と称される彼については先に詳しく論じた。

渋沢に関しては、すでに述べたフリュリ＝エラールに代表される。江戸幕府とフランスが良好な関係にいるとき、フランスと日本の貿易・金融問題で両者の間に入って仲介役を演じたのが渋沢であった。もっとも渋沢の場合は、幕府派遣団の仕事がおもなので五代ほど幅の広い付き合いを外国人とすることはなかった。

このようにして五代と渋沢は外国人と懇意となり、彼らが仕事上のパートナーとして重要な人物となった。どちらが国際通になったかといえば、五代に一日の長があった。

たとえば、外国語は五代のほうが上であったと想像できる。そう思う根拠の一つは、五代は在英期間中に藩の役人として外国との交渉を多く行ったが、渋沢は短期のフランス滞在時以外、仕事上では日本人との付き合いが多く、外国人との交流はそう多くなかったのである。のちに渋沢は外国語が得意ではない、と自分で述べているほどである。

役人生活を送ったことで

五代は薩摩藩から長崎への派遣、明治新政府における大阪での判事（知事のこと）や外交官など役人として仕事上の経験を積んだ。一方の渋沢も、幕末は徳川慶喜の下で働き、明治新政府では大蔵省の幹部として働いて経験を重ねた。そのことは、ともにとても重要である。なぜなら、二人は官と民の関係を詳しく知ることになり、のちに民間経済人として生きていくうえでそれらの経験が大いに役立った、という共通の認識があるからだ。

当時は、官が認可権を持つという権力の強い時代だったので、民が自分たちのビジネスを興したりするときの作戦の形成、あるいは官の指示をどうくぐり抜けたり、乗り切ればよいかなどの経験を二人はできたのであった。

とはいえ、ともに明治新政府で役人として働いた期間は短く、日本の発展のためには官の力に頼るよりも民間企業が力をつけて強く大きく発展するのが重要である、と考えており、のちになって官を辞して企業の創設と経営に邁進するのである。

起業家としての二人

この結果が、渋沢を「日本資本主義の父」と呼ばせるようになり、五代は渋沢ほどの通称の言葉を有しないが、「大阪経済の父」あるいは「関西経済の生みの親」と言われた。そして二人の、東西を代表する経済人としての評価が一般的になるのである。

しかし二人の間を比較すれば、渋沢が企業の経営に関与した会社の数は500社近くに達しているのに対して、五代のそれは100社を超えず、財界人としての貢献度は渋沢が五代をはるかに上回っている。しかも渋沢の起業した企業の種類は、最初に創設した銀行業のみならずあらゆる産業を網羅している。

さらに二人の興した企業は、渋沢が東京あるいは東京圏と全国各地に散らばっているのに対して、五代のそれは大阪ないし関西圏が中心であった。

もっとも渋沢の起業は、渋沢という超有名な財界人の名前を借りて権威づけをねらったものもかなり存在していた。換言すれば、企業人の一人あるいは重役の一人として名前だけを提供したものもある。だが、その企業の経営に問題の生じたときには、相談役として重宝されていた。まとめれば、すべての企業の起業と経営にあたったとは決していえない。

一方、五代の起業した産業の種類は、鉱業、繊維、製鋼、鉄道、商社などに限定される。これは五代が民間経済人として生きた期間の短かったこと、関西という地方に限定されていたからである。

起業家、財界人として明治時代を代表する二人であるが、経済人となったときのスタンスには差がある。

それはすでに多少述べたことであるが、明治時代初期に事業を興すときの産業に違いがあった。渋沢はフランスで学んだように銀行や株式市場の起業に注力した。これは企業が事業を興したり、設備投資を行うときに必要な資金が調達されていなければならない、ということを重視したからである。

銀行は国民からの預金や他の手段によって資金を集め、それを原資にして企業に貸し付けを行うのが業務である。株式市場で一般の投資家が企業の発行する株式を購入して、それを原資にして企業が経営や設備投資を行う仕組みであった。

渋沢はまず、大蔵省を辞してから第一国立銀行（国立と称しているが、あくまでも民間銀行）の創設と発展に取り組んだ。のちに彼は500社近くのあらゆる金融業と非金融業の起業・経営に関与するが、第一国立銀行（のちの第一銀行）の経営から離れることはなく、ほぼ生涯の大半をこの銀行の経営に関与した。この事実からも、渋沢がいかに強く、銀行や証券会社に代表される金融業が、経済の発展にとっての基盤であると信じていたかがわかる。

一方、五代の経営の歴史を概観すると金融業にはほとんど関与せず、まずは金、銀、銅などの鉱山業の起業と経営に精励した。それに続いて製銅や製鉄に進出したのである。

これは、日本ではまだ貨幣の存在が不安定だったので、貨幣市場の確立が必要であると考えたのも一つの要因であった。すなわち金貨や銀貨の鋳造と供給が重要と考えたのであり、その考えは、日本で最初に大阪で造幣寮（造幣局の前身）の創設に五代が協力したことによっても推察できる。

鉱山、製銅などの業務の次に五代が進出した産業は、製藍業にはじまる繊維、さらに貿易商社、海運、鉄道などが続いた。しかし渋沢が５００社近くの企業の起業と経営に関与したのと比較すると、五代のそれははるかに少ない。この二人の差、すなわち五代の関与した企業数と産業の種類の少ないことと、渋沢の５００社近くの企業数と産業の種類の多さがなにに依存するのかを考えてみたい。いろいろな仮説が考えられる。

第一に、すでに強調したことであるが、渋沢は銀行、証券などの金融業が経済の基盤であると考えていた。そして日頃から、銀行などが取引を行っている非金融業の経営上の問題を知る機会が多く、これら非金融業の企業の経営にも関与するようになったのである。さらにキャリアの後半になると、「経営の神様」と称されるほど渋沢の経営者としての名声が高まり、あらゆる産業に属する多くの企業が、起業や経営で直接、間接に渋沢に支援を求めるようになった。

一方の五代は、経済が強くなるという殖産興業の手段として、モノづくりやサービスの提供という実業の世界における活動がまず重要と考えた。すなわち鉱山業、繊維業、製銅業、商社、海運といったように、目に見えるモノの製品の生産と、その運営を間接的に助けるサービス業の発展こそが経済を強くする手段であると考えていた。多少の誇張をすれば、銀行や証券などの金融業はモノをつくらないので、虚業に近いと考えていたのかもしれない。

次に、すでに少し述べてきたが、渋沢と五代が官を辞して民間企業の起業、経営に転身する前のキャリアの違いが多少影響しているかもしれない。すなわち渋沢の場合には、15代目将軍の徳川慶喜の部下であったし、中央政府の大蔵省にいたときは改正掛というあらゆる社会・経済制度の改革に取り組んだし、辞任の直前には大幹部にもなっていたので、日本国全体の政治、経済、社会に関することに注力せねばならなかった。どうしても全産業と全国的なことに関心の高まるのは自然であった。

一方の五代は、のちには幕府を倒して明治新政府の柱になる薩摩藩の役人をして、軍艦や大砲の輸入をする仕事や外国との交渉に従事するといったように、日本全体をどうするか、といったことに関心を持つ経験に接する機会が少なかった。ローカル色の強い仕事に従事すれば十分であり、全国的なことに関心を持つ野心は五代にはなかったといえよう。

労働者の処遇の仕方

経営者であれば、労働者をどう処遇するかは重要な経営問題である。五代と渋沢の間でこれに関して相違があったかどうかを検討してみよう。その前に二人の経営者が、官を辞して民間企業の経営に乗り出してから経営を何年ほど続けたかを知っておこう。

五代が役人を辞したのが1869（明治2）年の33歳のときであり、二人が民間経営者としてスタートした時期は異なるが、ほぼ同じ年齢のときであったのは興味深い。

しかし二人には一つの違いがある。それは、五代は49歳という比較的若い年齢で死亡するので、経営者であった期間は16年ほどの短いものであった。一方の渋沢は長寿であり、91歳まで経営者だったのでほぼ60年間という長期間であった。さすがに晩年は第一線の経営から引退していたが、財界の長老指導者としていろいろな面で影響力が強かったことを知っておきたい。

この二人の差、すなわち経営者であった期間の長短と経営を行った時代の差は、資本主義における経営方式あるいは労働者への対処策の違いとして現れたのであり、そのことを指摘しておきたい。

二人が企業経営を行っていた初期の頃は、日本の資本主義がはじまった時代であり、資本家・経営者は、自由な意思に基づいて経営のことだけを考えればよい時代でもあった。

そして二人に共通するのは、官の影響をできるだけ排除したい気持ちが強かったことであり、強い民間企業をつくることに専念すればよかったのである。特に、対労働者との関係に関しては、まだ社会主義思想の浸透はなく労働者の権益などはほとんど無視してよい時代にあったので、労働者への対応策は大きな関心事ではなかった。やや誇張してこの時期を特色づければ、労働者は資本家・経営者に搾取されていたのである。

しかし時代が進み、社会主義思想が浸透し、かつ労働者の権利意識が高まる時代になるとともに、資本家・経営者も何かしらの対策を考える必要性が生じた。五代はこのときもう世を去っていたのでこの問題へ対処は必要なかったが、渋沢は人生の後半期になって財界指導者の大物になっていたので、この問題に対応せねばならなくなっていた。

結局は、「工場法」（１９１１〈明治44〉年に制定された日本で最初の労働者を保護する法律）の導入で賛成にまわる経済資本家が、労働者に対してやりたい放題の経営・管理の方式を是正して、労働者の処遇を良くするようになったのである。渋沢が、この動きに具体的にどう対応したのかは橘木（2020）に詳しいのでそれに譲る。

以上をまとめれば、五代と渋沢は経営方式、特に対労働者対策に関しては若い年齢のときはほぼ同じであったが、渋沢に関しては人生の後半期になって、対労働者政策において変化が見られたのである。すなわち、労働者の処遇を良くする政策を採用するようになった。しかし、それは現代のような厚遇ではなく、労働者は基本的にはまだ劣悪な労働条件の下にいた。

商法会議所と商法講習所の創設

すでに述べてきたが、五代と渋沢は大阪と東京に商法会議所（のちの商工会議所）を創設して、経済活動の調査と財界のとりまとめ機関とする仕事をともに行っている。東京と大阪の経済界の指導者になっていた二人の当然の仕事であった。

二人は教育界の創設にも関与し、渋沢は東京に商法講習所（のちの東京商業学校、東京高商、東京商大、一橋大学）を森有礼のイニシアティブに賛成して、大阪でも五代が中心となって大阪商業講習所（のちの大阪高商、大阪商大、大阪市立大学）を創設したのであり、二人は商業教育の確立に貢献した人物として共通性がある。これら二つの学校については橘木（2012）に詳述されている。

なお商法会議所と商法講習所（大阪は商業講習所）の創設は、明治時代初期の頃であるが、東京に最初に創設され、大阪はそれを真似たという側面がある。換言すれば、渋沢の動きが先であり、五代のそれは渋沢の影響を受けた、という特色がある。とはいえ、両人ともに東西の経済界を指導する人物であり、経済界全般のとりまとめ、教育界への貢献には大いなるものがある。

政治家との結びつき

五代は、薩摩藩の藩士として長崎での軍艦や大砲などの買い付け、あるいはヨーロッパを訪れて各種の品物の輸入や産業技術の導入の仕事に従事したので、藩の重臣や同僚との結びつきはとても強かった。具体的にどういう人物と仕事を一緒にしたかについては、以前の章で述べたのでここでは再述しない。

むしろここでの関心は、明治新政府になってから大阪で役人をしていたり、ほんの短期間ではあるが、東京・横浜にいたとき、どういう政治家と付き合ったのかということにある。

明治新政府内の藩閥政治において、薩摩藩は西郷隆盛などの武勲派と大久保利通などの文勲派が対立していた。西郷の征韓論が成功せず失脚して鹿児島に戻ってからは、五代は大久保と特に懇意となった。五代は若い頃から武勲で身を立てていなかったし外国の事情に詳しかったので、大久保一派と親しくなるのは自然であった。

特記すべき事項は1875（明治8）年の大阪会議で、50日間も大久保を五代の邸宅に滞在させて、当時の政府の指導者であった長州藩出身の木戸孝允と伊藤博文、土佐藩出身の板垣退助などとの会合を、五代が設定したことであった。薩摩藩出身の黒田清隆、吉井友実なども同席していた。

大阪会議とは、1873（明治6）年の西郷隆盛の失脚という政変、佐賀の乱の事後処理、台湾進出を図った大久保利通の問題、議会設立の気運など日本が混迷のなかにいたとき、今後をどうするかを相談して、明治政府の方針を決める重要な会合であった。

大阪会議で何が決定され、政治がどう動いたかについては歴史書に譲り、ここでは五代友厚と明治の三傑（西郷、木戸、大久保）の一人である大久保利通がとても親しくなったことだけを述べておこう。ここには二人が同郷、同藩士という誼《よしみ》もあることを忘れてはならない。

大久保が五代と良好な関係で登場したからには、本章での比較の対象である渋沢栄一が登場せねばならない。若い頃に大隈重信や伊藤博文の誘いに応じて大蔵官僚になった渋沢であるが、大久保が大蔵卿（大蔵大臣）になったのは渋沢が在職中であった。富国強兵と殖産興業を熱心に実行したい大久保は、軍事費などの公共支出額を増やす政策を強行しようとしていた。

大蔵省において、日本の金融・財政制度を確立するのに貢献した渋沢は、今でいう次官という地位に昇進していた。その上の大蔵大輔（実質的な大蔵大臣）であった井上馨と渋沢は、大幅な財政支出に反対して、大久保と対立することになった。結局、井上と渋沢は主張の対立のなか、大蔵省を離れることとなった。このあたりの事情については橘木（2020）を参照されたい。

ここで渋沢と大久保が徹底的に対立することとなり、二人は犬猿の仲と称されるようになった。もともとは薩摩藩で西郷とともに数々の武勲を打ち立てて、倒幕に成功した大久保であったが、明治新政府のなかで権力を掌握してからは、冷徹な官僚派、ないし文勲派になっていたのである。渋沢の主張する均衡財政とは異なる大規模の公共支出をする大久保との対立は深刻となり、高圧的な態度を取る大久保に対して、渋沢はそれを嫌うようになった。

この二人の間の不仲が、渋沢が大蔵省を去る一つの理由となったのであるが、主たる理由は大蔵省を去ると決めた直接の上司である井上に、渋沢も殉じた点にあるとされる。

それにしても不思議なのは、同じ大久保利通をめぐっても、五代友厚とはとても親しい関係にあったが、一方の渋沢栄一とは犬猿の仲になったことである。なぜこうも好対照の関係になったのであろうか。思いつく仮説を述べておこう。

第一に、五代と大久保は薩摩藩士という同郷の誼が大きい。

第二に、育ちが渋沢は農家・商人の出であるのに対して、大久保は下級とはいえ武士の出であり、渋沢のほうに大久保に対して多少の抵抗感があった。

第三に、五代は財界人になっていたが、官業の商業・鉱業における役割にも多少は理解はあったけれど、渋沢の場合には、大蔵省を辞す頃は民業の重要さを強く感じていたので官の力（軍事など）が強くなることを好まなかった。

第四に、人間の好き嫌いは当人たちの性格に依存するところが大きい。今となっては、この三人の性格を特定することは不可能に近いのであるが、何らかの性格の差も響いていると想像できる。

二人の女性関係とは……

最後に余談として、二人の女性関係に言及しておこう。とても共通性が高いのである。

まず田付（2018）によると、五代には正妻が一人いたが、離婚して新しい妻を迎えている。そして四人から五人の妾を抱えていて、子どもの数も多いと報告されている。

一方の渋沢は、初婚の妻には先立たれて、後妻を迎えている。むしろ興味深いのは、妾を数人抱えていたし、遊びで子どもをつくったこともあり、それらの女性との間の子どもは20人を超えたとされる。現代からすると異様に思えるのは、渋沢には妻と妾が同じ屋根の下に住んでいたこともあるとされることである。

お金と権力のある男性は、女好きの艶福家であるとともに、女性にモテモテの人間である、といえようか……。

あとがき

2015（平成27）年の秋から翌年にかけて放映されたNHK「連続テレビ小説」『あさが来た』で、イケメン俳優のディーン・フジオカが、本書の主人公である五代友厚役で出演した（フジオカはその後、大河ドラマでも五代を演じた）。その結果フジオカとともに、五代の名前は一気に一般の人々に知られるようになった。五代は現実にも美男子であった。

経済学専攻の著者は、五代が大阪経済界の生みの親であること、旧制大阪商業講習所（のちの大阪高商・商大、大阪市立大学）の設立に関与したことは知っていたが、その人物像の全貌を理解してはいなかった。

ところが2020（令和2）年に、平凡社新書で『渋沢栄一――変わり身の早さと未来を見抜く眼力』を出版したことにより、東の渋沢と対比される西の五代への関心が高まり、本書をまとめることとなった。二人の経済人には共通点も多いが、生い立ちや経歴、経済活動の方法には大きな違いがあり、本書ではかなり詳しく論じた。

私的なことで恐縮であるが、著者の生まれは関西で、両親はともに鹿児島県の出身である。幼い頃から、西郷隆盛などの話はよく聞かされてきた。

薩摩の、明治政府における藩閥政治の批判は避けられない。だが薩摩藩からは、西郷に加えて、大久保利通、黒田清隆、松方正義などの政治家や各分野での指導者を多く輩出した。地元では直情型で人情深い西郷の人気が圧倒的で、冷静な合理主義者の大久保の人気は高くない。

五代友厚も薩摩藩の出身であるが、多くの薩摩藩士のように戊辰戦争などで武勲を立てたのではなく、藩での役人生活や民間の経済界で活躍した人である。当初の武勲派から文勲派に転身した大久保利通に似たところがあり、当人同士も仲が良かった。

日本の教育制度の礎を築いた初代文部大臣であり、明治時代の初期に、当時としては特異な思想（廃刀論や一夫一婦制など）の持ち主であった森有礼もまた薩摩人であった。他にも外務大臣を務めた寺島宗則も薩摩人である。

本書を読むことによって西郷・大久保以外でも、多く登場する五代と関係のあった薩摩出身者にも、多様な分野で活躍した人のいることを知ってもらえれば幸いである。

最後に、本書の編集者である和田康成氏に感謝したい。いつもながらの効率性の高い編集作業に負っている。とはいえ残っているかもしれない誤謬と主張に関する責任は筆者にある。

２０２３年７月

橘木俊詔

参考文献

朝日ジャーナル編集部編（1964）『大学の庭（上・下）』弘文堂、下巻一四五〜一五二頁
犬塚孝明（1974）『薩摩藩英国留学生』中公新書
遠藤湘吉（1964）「大阪市立大学——楽天的な庶民性」、前掲『大学の庭』下巻に所収
大石学編（2006）『近世藩制・藩校大事典』吉川弘文館
鹿島茂（2009）『妖人白山伯』講談社文庫
神谷大介（2018）『幕末の海軍——明治維新への航跡』吉川弘文館
芳即正（1993）『島津斉彬』吉川弘文館
芳即正（2000）『薩摩の七傑』高城書房
五代龍作（1933）『五代友厚伝』私家版
サトウ、アーネスト（1960）『一外交官の見た明治維新（上・下）』岩波文庫（A Diplomatin Japan, by Ernest Satow, 坂田精一訳）
杉山伸也（1993）『明治維新とイギリス商人——トマス・グラバーの生涯』岩波新書
橘木俊詔（2012）『三商大 東京・大阪・神戸——日本のビジネス教育の源流』岩波書店
橘木俊詔（2020）『渋沢栄一——変わり身の早さと未来を見抜く眼力』平凡社新書
田付茉莉子（2018）『五代友厚——富国強兵は「地球上の道理」』ミネルヴァ書房

長井五郎（1984）『焰の人・しみづうさぶらうの生涯——自伝〝わがよのき上〟解題』さきたま出版会
原口泉（2009）『世界危機をチャンスに変えた幕末維新の知恵』PHP新書
宮本又次（1981）『五代友厚伝』有斐閣
モンブラン・ド・デカントン（2000）『モンブランの日本見聞記』新人物往来社（森本英夫訳）
八木孝昌（2020）『新・五代友厚伝——近代日本の道筋を開いた富国の使徒』PHP研究所

【著者】
橘木俊詔（たちばなき としあき）
1943年兵庫県生まれ。小樽商科大学卒業。大阪大学大学院を経て、ジョンズ・ホプキンス大学大学院博士課程修了。仏・独・英に滞在後、京都大学大学院経済学研究科教授、同志社大学経済学部教授、京都女子大学客員教授を歴任。現在、京都大学名誉教授。著書に、『格差社会』『日本の教育格差』『新しい幸福論』（以上、岩波新書）、『夫婦格差社会』（共著、中公新書）、『東大 VS 京大』（祥伝社新書）、『遺伝か、能力か、環境か、努力か、運なのか』『渋沢栄一』『津田梅子』（以上、平凡社新書）などがある。

平凡社新書1036

五代友厚
渋沢栄一と並び称される大阪の経済人

発行日——2023年9月15日　初版第1刷

著者———橘木俊詔
発行者——下中順平
発行所——株式会社平凡社
〒101-0051 東京都千代田区神田神保町3-29
電話 （03）3230-6573［営業］
ホームページ https://www.heibonsha.co.jp/
印刷・製本—図書印刷株式会社
装幀———菊地信義

ISBN978-4-582-86036-8